大方廣佛華嚴經

일러두기

1. 『대방광불화엄경 강설』 원문原文의 저본底本은 근세에 교정이 가장 잘 되었다고 정평이 나 있는 대만臺灣의 불타교육기금회佛陀教育基金會에서 출판한 『화엄경소초華嚴經疏鈔』본입니다.

2. 『대방광불화엄경 강설』은 실차난타實叉難陀가 695년부터 699년까지 4년에 걸쳐 번역해 낸 80권본卷本 『대방광불화엄경』을 우리말로 옮기고 강설을 붙인 것입니다.

3. 『대방광불화엄경』은 애초 산스크리트에서 한역漢譯된 경전이지만 현재 산스크리트본은 소실된 상태입니다. 산스크리트를 음차한 경우 굳이 원래 소리를 표기하려고 하기보다는 『표준국어대사전』이나 『불교사전』 등에 등재된 한자음을 사용하는 것을 원칙으로 하였습니다.

4. 경문의 한글 번역은 동국역경원본을 참고하여 그대로 또는 첨삭을 하며 의미대로 번역하고 다듬었습니다.

5. 각 품마다 내용에 따라 단락을 나누고 제목을 달았습니다. 단락의 제목은 주로 청량清凉스님의 견해에 기초하였고 이통현李通玄장자의 견해를 참고로 하였습니다.

6. 『대방광불화엄경 강설』의 발행 순서는 한역 경전의 편재 순서를 기준으로 하였고 각 권은 단행본 한 권씩으로 출간될 예정이며 모두 80권으로 완간됩니다. 다만 80권본에 빠져 있는 「보현행원품」은 80권본 완역 및 강설 후 시리즈에 포함돼 추가될 예정입니다.

7. 『대방광불화엄경 강설』 안에서 불교용어를 풀이한 것은 운허스님이 저술하고 동국역경원에서 편찬한 『불교사전』을 인용하였습니다.

8. 각주의 청량스님의 소疏는 대만에서 입력한 大方廣佛華嚴經 사이트의 것을 사용하였습니다.

9. 『대방광불화엄경 강설』 입법계품에 들어가는 문수지남도는 북송北宋시대 불국佛國 선사가 선재동자가 53명의 선지식을 친견하여 법을 구하는 장면을 하나하나 그림으로 그린 것입니다.

대방광불화엄경 강설
제 34 권

二十六. 십지품+地品 1

실차난타實叉難陀 한역
무비스님 강설

서문

    화엄경은 이 십지품을 근간으로 삼아 부연하고 보완하였다고 합니다. 또한 십신+信과 십주+住와 십행+行과 십회향+廻向과 십지+地와 등각等覺과 묘각妙覺이라는 52위의 수행점차도 이 십지를 근본으로 삼아 좀 더 자세하고 세밀하게 펼쳐 보인 것이라고도 합니다.

    고래古來로 십주+住와 십행+行과 십회향+廻向이라는 삼현三賢과 십지+地를 화엄경의 근본 가르침으로 삼아 연구하고 수행하는 것을 가장 중요하게 여겼습니다. 그래서 한때는 전통 강원에서 삼현三賢과 십지+地를 공부하는 것으로 화엄경 공부의 전체를 대신하였습니다. 그만큼 이 십지품을 어떤 품보다도 중요하게 여겼던 것입니다.

    십지품 중에 먼저 불법을 알고 크게 환희하는 제1 환희지입니다.

불법을 알고 무슨 까닭으로 환희합니까?

"불자여, 이 환희지에 머물고는 언제나 모든 부처님을 생각하므로 환희하고 언제나 모든 부처님의 법을 생각하므로 환희하고 언제나 모든 보살을 생각하므로 환희하고 언제나 모든 보살의 보살행을 생각하므로 환희하고 언제나 청정한 모든 바라밀을 생각하므로 환희하느니라."

"또 언제나 모든 보살의 지위가 수승함을 생각하므로 환희하고 언제나 보살의 깨뜨릴 수 없음을 생각하므로 환희하고 언제나 여래께서 중생들을 교화하심을 생각하므로 환희하고 언제나 능히 중생에게 이익을 얻게 함을 생각하므로 환희하고 언제나 일체 여래의 지혜와 방편에 들어감을 생각하므로 환희하느니라."

이와 같은 까닭으로 불법을 믿고 이해하고 실천하고 깨달아 증득하는 이익이 있으므로 환희합니다.

2015년 11월 1일
신라 화엄종찰 금정산 범어사

如天 無比

대방광불화엄경 목차

대방광불화엄경 강설 제34권

二十六. 십지품十地品 1

서분序分

정종분正宗分

1. 제1 환희지를 설하다 ······························ 108

대방광불화엄경 강설

제34권

二十六. 십지품 1

십지품十地品은 화엄경 전체 9회 설법 중에 제6회 설법이다. 제5회의 십회향 설법을 마친 부처님은 타화자재천궁他化自在天宮의 마니보장전에서 다른 세계에서 온 여러 보살들과 함께 계시었다. 다른 품들과 같이 세존은 묵묵히 계시고 금강장보살이 상수가 되어 설한다. 십주품이나 십행품이나 십회향품과 같이 세존이 보리수 아래를 떠나지 않은 채 타화자재천으로 올라가는 내용이나 타화자재천왕이 찬탄하는 내용을 담은 별도의 품은 없다.

십지품은 화엄경 전체의 기본이 된다고 한다. 특히 보살의 수행계위를 처음의 보살 십지를 근간으로 하여 52위로까지 발전하게 한 근본이 되는 경전이다. 그래서 십지품만 따로 유행하여 세친世親보살이 십지품(경)의 논서를 저술하여 십지경론十地經論이라는 주석서가 크게 알려져 있다.

제1 환희지歡喜地는 처음으로 무루지無漏智를 얻어 진리를 구현하는 성위聖位를 증득하여 많은 기쁨을 낳기 때문에 환희지라고 한다.

제2 이구지離垢地에서는 발기정發起淨과 자체정自體淨으로

나누어 계율의 내용을 설명한다. 발기정이란 제2지에 들어
가기 위한 준비로서 정직한 마음 등의 열 가지 마음이 있음
을 보여 주는 것이고, 자체정이란 삼취정계三聚淨戒를 말하는
데 열 가지 악업을 행하지 않는 것과 열 가지 선도善道를 닦
는 것과 일체 중생을 이익되게 하는 것이다.

　제3 발광지發光地는 명지明地라고도 하는데 모든 번뇌를
끊어 지혜의 광명이 발현되는 경지로 선정禪定에 의하여 지혜
의 빛을 얻고 나아가 문혜聞慧와 사혜思慧와 수혜修慧의 세 가
지 지혜를 닦아 진리가 밝혀지는 자리이다.

　제4 염혜지焰慧地는 염지焰地라고도 하는데 번뇌가 사라
지고 지혜가 불꽃처럼 솟아나는 경지로 앞의 3지에 의하여
사견을 여의고 번뇌를 태워서 지혜의 본체를 깨닫는 자리
이다.

　제5 난승지難勝地는 번뇌를 모두 끊음으로써 속지俗智와
진지眞智가 조화를 이루게 된 경지로 지혜와 지식이 조화를
이룬 자리로서 확실한 지혜를 얻어 그 이상의 지위로 올라가
기가 곤란한 지위일 뿐만 아니라 출세간出世間의 지혜를 얻어
서 자유자재한 방편으로 구하기 어려운 중생을 구하는 자

리이다.

제6 현전지現前地는 만법萬法 연기緣起의 유전상流轉相을 관찰하여 무분별 평등의 지혜를 드러내고 진여의 무염무정無染無淨을 깨달아 무상관無相觀을 현전시켰으므로 현전지라 이름한다.

제7 원행지遠行地는 열심히 노력해서 무상관無相觀을 닦아 최후의 자리에 속하고 세간이나 이승二乘으로부터 멀리 떨어져 제8의 청정한 지地에 가까이 갔으므로 원행지라 한다.

제8 부동지不動地는 완전한 진여眞如를 얻어 조금도 동요를 일으키지 않는 경지로 무상無相의 지혜가 끊임없이 일어나서 다시는 번뇌에 의하여 동요되지 않는 자리이다. 이 지地에 이르면 무공용無功用의 수행이 상속하고 유공용有功用의 수행이 움직이는 바가 아니다.

제9 선혜지善慧地는 부처님의 십력十力을 얻어 때와 경우[根機]에 따라 중생을 교화하는 지혜를 터득한 경지로 보살이 거리낌 없는 힘으로 설법하여 이타행利他行을 완성하고 지혜의 작용이 자재한 자리이다.

제10 법운지法雲地는 큰 구름이 허공에 변만한 것에 비유하여 대법신大法身을 증득해서 자재自在함을 구족하였으므로 법운지라 한다.

이러한 십지十地는 흔히 십주十住라고도 하며, 십지의 각 단계는 보살이 부처님의 경지에 이르는 과정을 방편적으로 나누어 설명한 것으로서 성불하고자 한다면 부지런히 수행에 전념해야 함을 강조한다.

청량스님은 소疏에서 "십지十地라는 지地의 이름을 해석하는데 그 법에 나아가서 살펴보면 십지회十地會라 부른다. 즉 품의 이름과 법의 이름이 같다. 그래서 이러한 이름을 얻은 것이다. 본업경本業經에서 설하였다. '땅이란 유지한다는 데서 이름하였는데 백만 아승지 공덕을 유지하며 또 일체 인과를 생성한다고 부른다. 그러므로 땅[地]이라고 하였다.' 또 십지론에서 말하였다. '부처님의 지혜를 생성하여 유지한다.'고 한 것이 곧 이 뜻이다."[1]라고 하였다.

즉 열 가지 땅[地]이란 모든 사람의 근본 땅인 마음, 진여자성, 불성, 법성, 차별 없는 참사람, 참마음, 본래마음으로 사람에게는 본래로 백만 아승지 공덕이 갖춰져 있다. 그래서 부처님께서 증득하신 깨달음의 지혜를 생성하여 유지하고 있다. 더 부연하면 모든 사람의 진여생명의 땅에는 육바라밀과 십바라밀과 십선과 사섭법과 사무량심과 인의예지가 본래로 갖춰져 있어서 그 모든 선법善法을 한껏 생성하고 펼치고 베풀고 나누는 작용을 한다. 마치 봄날의 대지가 일체 산천에 초목을 생성시켜 싹을 틔우고, 잎을 피우고, 꽃을 피우고, 열매를 맺게 하여 세상을 풍요롭게 하는 것과 같다. 이것이 십지법문의 전체적인 뜻이다.

특히 십지품은 서분과 정종분과 유통분이 명확하게 나누어져 있어서 고래로 십지품을 과판科判하는 경가經家들은 반드시 이 삼분三分에 준하여 해석하였다.

---

1) 三. 約法, 名十地會. 即同品名. 所以得此名者. 本業云 '地名為持, 持百萬阿僧祇功德, 亦名生成一切因果, 故名為地'. 本論云 '生成佛智住持故', 即斯義也.

대방광불화엄경 강설

1. 설법할 수 있는 인연을 갖추다

1) 설법한 때와 장소

이 시　세 존　재 타 화 자 재 천 왕 궁 마 니 보 장 전
爾時에 **世尊**이 **在他化自在天王宮摩尼寶藏殿**

여 대 보 살 중　구
하사 **與大菩薩衆**으로 **俱**하시니라

이때에 세존이 타화자재천궁他化自在天宮의 마니보장전
摩尼寶藏殿에서 큰 보살 대중과 함께 계시었습니다.

경문은 먼저 경가經家, 즉 경전을 결집한 사람의 설명으로
시작한다. 십주와 십행과 십회향의 삼현위三賢位의 설법에는
각각의 품 자체에서 서론인 서분이 있고, 본론인 정종분이 있

고, 결론인 유통분이 있었다. 십지품은 각 품이 있어서 그와 같은 내용을 나타내지 않고 본론인 십지품 한 품 안에서 서론과 본론과 결론을 다 설하는 형식을 취하고 있다. 그래서 과목의 차례에 서분이 있게 된 것이다. 만약 삼현위와 같이 설한다면 승타화자재천궁품昇他化自在天宮品과 타화자재천궁 게찬품他化自在天宮偈讚品이 있어야 할 것이다.

먼저 설법할 수 있는 인연을 갖추는데, 설법한 때와 장소를 밝혔다. 때란 과거 현재 미래를 다 아우르는 바로 이때다. 장소는 타화자재천궁의 마니보장전이다.

타화자재천이란 파라유마바사波羅維摩婆奢의 번역어이다. 타화천他化天 또는 제6천이라고도 한다. 6욕천欲天의 하나이다. 욕계의 가장 높은 데에 있는 하늘이며 욕계천의 임금인 마왕이 있는 곳이다. 이 하늘은 남이 나타내는 낙사樂事를 자유롭게 자기의 쾌락으로 삼는 까닭에 타화자재천이라 한다. 이 하늘의 남녀는 서로 마주보는 것만으로도 음행이 만족하고, 아들을 낳으려는 생각을 일으키기만 해도 아들이 무릎 위에 나타난다고 한다. 또 이 하늘사람의 키는 3리里이고 수명은 1만6천 세이며 이 하늘의 1일은 인간의 1천6백 년

에 해당한다고 한다. 십지품은 이 하늘의 마니보장전에서
수많은 보살들과 함께 설하였다.

기 제 보 살　　개 어 아 녹 다 라 삼 먁 삼 보 리　　불
其諸菩薩이 **皆於阿耨多羅三藐三菩提**에 **不**

퇴 전　　실 종 타 방 세 계 래 집
退轉이라 **悉從他方世界來集**하나라

그 모든 보살들은 다 아뇩다라삼먁삼보리에서 물러
가지 않는 이들이니, 모두 다른 세계로부터 와서 모였
습니다.

이 법회에 모인 보살들의 간략한 면모를 소개하고 아래
에서 그들의 덕을 자세하게 밝힌다. 그 보살들은 최상의 깨
달음에서 물러가지 않는 이들이며 이 사바세계의 보살들이
아니라 다른 세계에서 모여 온 보살들임을 밝혔다.

2) 함께한 대중大衆

(1) 대중들의 덕을 찬탄하다

주 일 체 보 살 지 소 주 경　　입 일 체 여 래 지 소 입
住一切菩薩智所住境하며 **入一切如來智所入**

처　　근 행 불 식　　선 능 시 현 종 종 신 통　제 소 작
處하야 **勤行不息**하며 **善能示現種種神通**의 **諸所作**

사　　교 화 조 복 일 체 중 생　　이 불 실 시
事하며 **敎化調伏一切衆生**호대 **而不失時**하며

일체 보살의 지혜로 머무는 경계에 머무르고, 일체 여래의 지혜로 들어간 곳에 들어가서 부지런히 수행하여 쉬지 아니하며, 가지가지 신통으로 모든 하는 일을 잘 나타내며, 일체 중생을 교화하고 조복하여 때를 놓치지 아니합니다.

함께한 대중과 그들의 덕을 찬탄하여 밝혔다. 법회 청중은 곧 그 법회에서 어떤 법이 설해질 것인가를 나타낸다. 이 법회에 참석한 대중은 십지위의 법을 표하는 보살들이므로 일체 보살의 지혜로 머무는 경계에 머무르는 것은 당연한 이

치이다. 또 일체 여래의 지혜로 들어간 곳에 들어가서 부지
런히 수행하는 이들이다. 가지가지 신통으로 여러 가지 일
을 잘 나타내며, 무엇보다 일체 중생을 교화하고 조복하여
때를 놓치지 아니한다.

위성보살일체대원   어일체세일체겁일체
爲成菩薩一切大願하야 **於一切世一切劫一切**

찰   근수제행   무잠해식   구족보살복지조
刹에 **勤修諸行**하야 **無暫懈息**하며 **具足菩薩福智助**

도   보익중생   이항불궤
道하야 **普益衆生**호대 **而恒不匱**하며

　　보살의 모든 큰 원을 성취하기 위하여 일체 세간의
일체 겁과 일체 세계에서 모든 행을 부지런히 닦아서 쉬
지 아니하며, 보살의 복과 지혜와 도道를 돕는 일을 구
족하여 중생을 이익하게 하되 항상 다하지 아니합니다.

　　십지법문을 설하는 법회에 함께한 대중은 그 격이 곧 십
지의 법에 계합하는 덕을 소유한 이들이다. 그래서 보살의

모든 큰 원을 성취하기 위하여 일체 세간의 일체 겁과 일체 세계에서 모든 행을 부지런히 닦아서 쉬지 아니하였다. 또 보살의 복과 지혜와 도道를 돕는 일을 구족하였다.

도 일 체 보 살 지 혜 방 편 구 경 피 안　　시 입 생 사
到一切菩薩智慧方便究竟彼岸하며 **示入生死**

급 이 열 반　　이 불 폐 사 수 보 살 행
와 **及以涅槃**호대 **而不廢捨修菩薩行**하며

　일체 보살의 지혜의 방편과 구경의 저 언덕에 이르렀으며, 일부러 생사와 열반에 들어감을 보이지만 보살의 수행을 그만두지 아니합니다.

　또 이들 보살은 일체 보살의 지혜의 방편과 구경의 저 언덕에 이르렀으며, 일부러 생사와 열반에 들어감을 보이지만 보살의 수행을 그만두지 않는다. 여러 종류의 불교 가운데 가장 이상적인 불교는 보살불교다. 때로는 생사에 들어가서 중생들과 생사를 같이 하고, 때로는 이승들과 열반을 같이 누리기도 한다. 그러나 한편 일체 선행을 널리 행하는 보살

행을 열심히 수행한다. 설사 오래전에 성불을 하였더라도 다시 보살로 돌아와서 중생을 위해 육바라밀과 십바라밀과 십선과 사섭법과 사무량심과 인의예지를 세상에 펼치는 일을 쉬지 않는 것, 이것이 가장 이상적인 최궁극의 불교다. 보살은 언제나 이와 같은 보살불교를 선양한다.

선 입 일 체 보 살 선 정 해 탈 삼 매 삼 마 발 저 신 통
善入一切菩薩禪定解脫三昧三摩鉢底神通

명 지 　 제 소 시 위 　 개 득 자 재 　 획 일 체 보 살
明智하며 諸所施爲에 皆得自在하며 獲一切菩薩

자 재 신 력
自在神力하며

　일체 보살의 선정과 해탈과 삼매와 삼마발저에 잘 들어가서 신통과 밝음과 지혜로써 하는 모든 일이 자재하며 일체 보살의 자재한 신력을 얻었습니다.

　또 십지보살들은 보살의 선정과 해탈과 삼매와 삼마발저三摩鉢底에 잘 들어가서 신통과 밝음과 지혜로써 하는 모든

일이 자재하다. 삼명三明과 육신통六神通이다. 삼마발저란 정定의 일명이다. 삼마발제三摩鉢提(또는 三摩拔提)라고도 한다. 등지等至라 번역하는데, 정定을 등지라 함은 등等은 정력定力에 의하여 혼침惛沈과 도거掉擧의 번뇌를 여의고 마음이 평등 평정平靜함을 말한다. 선정의 힘이 이와 같은 상태에 이르게 하므로 지至라 한다. 십지보살들은 이와 같은 능력에 자유자재하다.

어일념경　　무소동작　　실능왕예일체여래
於一念頃에 **無所動作**호대 **悉能往詣一切如來**

도량중회　　위중상수　　청불설법　　호지제
道場衆會하야 **爲衆上首**하야 **請佛說法**하며 **護持諸**

불정법지륜
佛正法之輪하며

　잠깐 동안도 움직이지 아니하고, 모든 여래의 대중이 모인 도량에 나아가서 대중들의 상수가 되어 부처님께 설법을 청하며, 모든 부처님의 바른 법륜을 보호하여 유지합니다.

십지보살은 한순간도 움직이지 아니하고 모든 여래의 대중이 모인 도량에 나아가서 대중들의 상수가 되어 부처님께 설법을 청한다. 자신이 알고 싶어서 질문을 하고 법을 청하기도 하지만 무엇보다 대중들의 이익을 위해서 법을 청한다. 그것으로 부처님의 바른 법륜을 보호하여 유지하는 역할을 하는 이가 또한 보살이다.

이 광 대 심　　공 양 승 사 일 체 제 불　　상 근 수
以廣大心으로 **供養承事一切諸佛**하며 **常勤修**

습 일 체 보 살 소 행 사 업
習一切菩薩所行事業하며

광대한 마음으로 일체 모든 부처님을 공양하고 섬기며, 일체 보살의 행하는 사업을 부지런히 닦습니다.

또 십지보살은 광대한 마음으로 일체 모든 부처님을 공양하고 섬기며 일체 보살의 행하는 사업을 부지런히 닦는다.

기신　　보현일체세간　　기음　　보급시방법
其身이 普現一切世間하며 其音이 普及十方法

계　　　심지무애　　　보견삼세일체보살　소유
界하며 心智無礙하야 普見三世一切菩薩의 所有

공덕　　실이수행　　　이득원만　　어불가설겁
功德을 悉已修行하야 而得圓滿하야 於不可說劫에

설불능진
說不能盡하니라

　그 몸은 일체 세간에 널리 나타나고, 그 음성은 시방
법계에 두루 미치고, 마음과 지혜는 걸림이 없어 삼세
의 모든 보살이 가지는 공덕을 널리 보고, 다 이미 수행
하여 원만하게 되어 말할 수 없는 겁 동안에 말하여도
다할 수 없었습니다.

　또 십지보살의 삼업을 밝히는데, 그 몸은 일체 세간에 널
리 나타나고, 그 음성은 시방 법계에 두루 미치고, 마음과
지혜는 걸림이 없어 삼세의 모든 보살이 가지는 공덕을 널리
다 본다. 이러한 덕을 갖춘 보살들이 무수히 모여 와서 법회
를 장엄하며 부처님이 깨달으신 궁극의 법을 설하도록 분위
기를 만들었다.

(2) 대중들의 이름을 열거하다

기명왈 금강장보살　　보장보살　　연화장보
其名曰金剛藏菩薩과　寶藏菩薩과　蓮華藏菩

살　덕장보살　　연화덕장보살　　일장보살　소
薩과　德藏菩薩과　蓮華德藏菩薩과　日藏菩薩과　蘇

리야장보살　　무구월장보살　　어일체국토보현
利耶藏菩薩과　無垢月藏菩薩과　於一切國土普現

장엄장보살　　비로자나지장보살
莊嚴藏菩薩과　毘盧遮那智藏菩薩과

　그들의 이름은 금강장金剛藏보살과 보장寶藏보살과 연
화장蓮華藏보살과 덕장德藏보살과 연화덕장蓮華德藏보살과
일장日藏보살과 소리야장蘇利耶藏보살과 무구월장無垢月藏보
살과 어일체국토보현장엄장於一切國土普現莊嚴藏보살과 비로
자나지장毘盧遮那智藏보살이었습니다.

묘덕장보살　　전단덕장보살　　화덕장보살
妙德藏菩薩과　栴檀德藏菩薩과　華德藏菩薩과

구소마덕장보살　　우발라덕장보살　　천덕장
俱蘇摩德藏菩薩과　優鉢羅德藏菩薩과　天德藏

보살 복덕장보살 무애청정지덕장보살 공
菩薩과 福德藏菩薩과 無礙淸淨智德藏菩薩과 功

덕장보살 나라연덕장보살
德藏菩薩과 那羅延德藏菩薩과

묘덕장妙德藏보살과 전단덕장栴檀德藏보살과 화덕장華德
藏보살과 구소마덕장俱蘇摩德藏보살과 우발라덕장優鉢羅德藏
보살과 천덕장天德藏보살과 복덕장福德藏보살과 무애청정
지덕장無礙淸淨智德藏보살과 공덕장功德藏보살과 나라연덕장
那羅延德藏보살이었습니다.

무구장보살 이구장보살 종종변재장엄장
無垢藏菩薩과 離垢藏菩薩과 種種辯才莊嚴藏

보살 대광명망장보살 정위덕광명왕장보
菩薩과 大光明網藏菩薩과 淨威德光明王藏菩

살 금장엄대공덕광명왕장보살 일체상장
薩과 金莊嚴大功德光明王藏菩薩과 一切相莊

엄정덕장보살 금강염덕상장엄장보살 광
嚴淨德藏菩薩과 金剛焰德相莊嚴藏菩薩과 光

명염장보살　성수왕광조장보살
明焰藏菩薩과 星宿王光照藏菩薩과

무구장無垢藏보살과 이구장離垢藏보살과 종종변재장엄
장種種辯才莊嚴藏보살과 대광명망장大光明網藏보살과 정위덕
광명왕장淨威德光明王藏보살과 금장엄대공덕광명왕장金莊嚴
大功德光明王藏보살과 일체상장엄정덕장一切相莊嚴淨德藏보살과
금강염덕상장엄장金剛焰德相莊嚴藏보살과 광명염장光明焰藏보
살과 성수왕광조장星宿王光照藏보살이었습니다.

허공무애지장보살　묘음무애장보살　다라
虛空無礙智藏菩薩과 妙音無礙藏菩薩과 陀羅

니공덕지일체중생원장보살　해장엄장보살
尼功德持一切衆生願藏菩薩과 海莊嚴藏菩薩과

수미덕장보살　정일체공덕장보살　여래장보
須彌德藏菩薩과 淨一切功德藏菩薩과 如來藏菩

살　불덕장보살　해탈월보살
薩과 佛德藏菩薩과 解脫月菩薩이라

허공무애지장虛空無礙智藏보살과 묘음무애장妙音無礙藏보
살과 다라니공덕지일체중생원장陀羅尼功德持一切衆生願藏보살

과 해장엄장海莊嚴藏보살과 수미덕장須彌德藏보살과 정일체
공덕장淨一切功德藏보살과 여래장如來藏보살과 불덕장佛德藏
보살과 해탈월解脫月보살이었습니다.

여 시 등 무 수 무 량 무 변 무 등 불 가 수 불 가 칭 불
如是等無數無量無邊無等不可數不可稱不
가 사 불 가 량 불 가 설 제 보 살 마 하 살 중   금 강 장
可思不可量不可說諸菩薩摩訶薩衆에 **金剛藏**
보 살   이 위 상 수
菩薩이 **而爲上首**러시니라

이와 같은 수가 없고, 한량없고, 끝없고, 같을 이 없
고, 셀 수 없고, 일컬을 수 없고, 생각할 수 없고, 요량
할 수 없고, 말할 수 없는 보살마하살 대중 가운데 금강
장보살이 상수가 되었습니다.

여기까지 시방에서 모여 온 보살 대중의 덕을 나타내고
그들의 이름을 열거하였다. 그런데 그 수효가 열거한 이름
외에 수가 없고, 한량없고, 끝없고, 같을 이 없고, 셀 수 없

고, 일컬을 수 없고, 생각할 수 없고, 요량할 수 없고, 말할 수 없는 보살마하살 대중이라고 하였다. 그리고 그들 중에 상수는 금강장보살이다. 역시 경가의 서술이다.

2. 삼매三昧에 들다

이 시　금강장보살　승불신력　입보살대
爾時에 **金剛藏菩薩**이 **承佛神力**하사 **入菩薩大**

지 혜 광 명 삼 매
智慧光明三昧하시니라

　　그때에 금강장보살이 부처님의 신력을 받들어 보살대지혜광명菩薩大智慧光明삼매에 들었습니다.

　　설법주說法主가 삼매에 드는 것을 밝혔다. 불교의 모든 경전에서는 설법을 하기 전에 반드시 삼매에 드는 절차를 취하고 있다. 이러한 법식에 의지하여 불교에서는 일체 의식이나 설법을 진행하기 전에 역시 입정入定이라고 하여 형식적이나마 선정에 드는 시간을 갖는다. 그 이름은 보살의 큰 지혜로 광명을 발하는 삼매다.

　　청량스님은 소疏에서 삼매를 이와 같이 설명하였다. "보살대지혜광명菩薩大智慧光明삼매란 들어갈 바의 선정의 이름을 나타내었다. 삼매는 통칭하는 말이다. 나머지는 개별적인 것의 이름이다. 지혜는 본체며 광명은 작용인데 주관[人]도 없고 객관[法]도 없음을 환하게 비춰서 진여본체를 증득한 것을 혜慧라 하고, 현상을 환하게 비춰 보는 것을 지智라 한다. 이 두 가지가 걸림이 없어서 능히 견혹見惑과 무명無明을 깨뜨리기 때문에 광명이다. 대大에는 두 가지 뜻이 있다. 하나는 범부와 소승들의 지혜와 다르다는 뜻이고, 하나는 능히 큰 미혹을 끊고 능히 큰 이치를 증득하여 큰 결과를 이룬다는 뜻이다."[2]

---

2)【菩薩大智慧光明三昧】者, 顯所入定名. 三昧通稱, 餘皆別名. 智慧是體, 光明就用, 照二無我, 證如名慧, 照事名智. 此二無礙, 能破見惑及無明故, 名曰光明.【大】有二義：一, 揀異凡小. 二, 能斷大惑 能證大理 成大果故.

3. 가피加被를 내리다

1) 부처님의 출현

입시삼매이   즉시   시방각과십억불찰미
入是三昧已에 卽時에 十方各過十億佛刹微

진수세계외   각유십억불찰미진수제불   동
塵數世界外하야 各有十億佛刹微塵數諸佛의 同

명금강장   이현기전   작여시언
名金剛藏이 而現其前하사 作如是言하사대

삼매에 들어갔을 때에 즉시에 시방으로 각각 십억
세계의 작은 먼지 수와 같은 세계 밖에 각각 십억 세계
의 작은 먼지 수의 부처님이 계십니다. 그분들의 이름
은 모두 금강장金剛藏인데, 앞에 나타나서 이와 같이 말
씀하셨습니다.

시방으로 각각 십억 세계의 작은 먼지 수와 같은 세계 밖에 각각 십억 세계의 작은 먼지 수와 같이 많은 금강장이라는 부처님이 계시는데 그들이 금강장보살 앞에 나타나서 아래와 같은 말씀을 하신다. 이것은 십지법문을 설하도록 하기 위해서 몸과 말과 뜻으로 금강장보살에게 가피를 내리려고 나타내신 모습이다.

선재선재　금강장　내능입시보살대지혜
善哉善哉라 **金剛藏**아 **乃能入是菩薩大智慧**

광명삼매　선남자　차시시방각십억불찰미
光明三昧하니 **善男子**야 **此是十方各十億佛刹微**

진수제불　공가어여　이비로자나여래응정등
塵數諸佛이 **共加於汝**니 **以毘盧遮那如來應正等**

각본원력고　위신력고　역시여승지력고
覺本願力故며 **威神力故**며 **亦是汝勝智力故**니라

"훌륭하도다. 훌륭하도다. 금강장보살이여, 능히 이 보살대지혜광명삼매菩薩大智慧光明三昧에 들었도다. 선남자여, 이것은 시방에 계시는 각각 십억 세계의 작은 먼지

수와 같이 많은 부처님들이 그대에게 함께 가피하려는 것이니라. 비로자나 여래 응정등각應正等覺의 본래의 원력 때문이며, 위신력 때문이며, 또한 그대의 수승한 지혜의 힘 때문이니라."

여기서부터는 시방의 십억 불찰미진수 부처님의 말씀이다. 어떤 수행자는 경전에서 "훌륭하도다. 훌륭하도다[善哉善哉]."라는 말씀을 읽을 때 세존이 가까이에 계시면서 직접 말씀하시는 것과 같이 느낀다고 하였다. 필자도 읽을 때마다 직접 귓전에 들리는 것과 같음을 느끼려고 한다.

"훌륭하도다. 훌륭하도다."라고 찬탄하여 금강장보살이 삼매에 들어간 뜻을 밝혔다. 시방의 각각 십억 세계 작은 먼지 수와 같이 많은 부처님이 그대에게 가피를 내리려고 한 것인데, 그것은 비로자나부처님의 본래의 원력이 그렇기 때문이며, 위대하고 신비한 힘이 그렇기 때문이며, 또한 스스로의 수승한 지혜가 있기 때문이다.

2) 가피의 내용

(1) 자리自利를 밝히다

욕 령 여　　위 일 체 보 살　　설 부 사 의 제 불 법 광
欲令汝로 **爲一切菩薩**하야 **說不思議諸佛法光**

명 고
明故니

"그대로 하여금 일체 보살들을 위해서 불가사의한 모든 부처님 법의 광명을 설하게 하려는 것이니라."

시방의 십억 불찰미진수의 부처님이 함께 가피를 내리려는 까닭을 밝혔다. 먼저 스스로에게 이로운 자리自利의 내용인데, 첫째 구절은 전체적인 뜻을 밝혔고 뒤의 열 구절은 낱낱이 따로 밝혔다. 전체적인 뜻이란 곧 "그대로 하여금 모든 보살들을 위해서 불가사의한 모든 부처님 법의 광명을 설하게 하려는 것"이다. 아래는 낱낱이 따로 밝힌 내용이다.

소위영입지지고　　섭일체선근고　　선간택일
所謂令入智地故며 **攝一切善根故**며 **善揀擇一**

체불법고　　광지제법고　　선능설법고　　무분별
切佛法故며 **廣知諸法故**며 **善能說法故**며 **無分別**

지청정고　　일체세법불염고　　출세선근청정고
智淸淨故며 **一切世法不染故**며 **出世善根淸淨故**

　　득부사의지경계고　　득일체지인지경계고
며 **得不思議智境界故**며 **得一切智人智境界故**니라

"이른바 지혜의 자리에 들게 하려는 연고며, 일체
선근을 포섭하게 하려는 연고며, 일체 불법을 잘 간택
하게 하려는 연고며, 모든 법을 두루 알게 하려는 연고
며, 법을 잘 설하게 하려는 연고며, 분별없는 지혜를
청정하게 하려는 연고며, 모든 세상의 법에 물들지 않
게 하려는 연고며, 출세의 선근을 청정케 하려는 연고
며, 부사의한 지혜의 경계를 얻게 하려는 연고며, 일체
지혜를 가진 사람의 지혜의 경계를 얻게 하려는 연고
이니라."

다시 열 개의 구절로 시방의 십억 불찰미진수의 부처님이
금강장보살에게 자리自利의 가피를 하시는 까닭을 낱낱이

밝혔다. 앞으로 금강장보살이 십지법문을 설하여 일체 보살들에게 이와 같은 이익이 있도록 하려는 것이다.

(2) 이타利他를 밝히다

^{우 영 득 보 살 십 지 시 종 고}
^{여 실 설 보 살 십 지}
又令得菩薩十地始終故며 **如實說菩薩十地**

^{차 별 상 고}
^{연 념 일 체 불 법 고}
^{수 습 분 별 무 루}
差別相故며 **緣念一切佛法故**며 **修習分別無漏**

^{법 고}
^{선 선 택 관 찰 대 지 광 명 교 장 엄 고}
法故며 **善選擇觀察大智光明巧莊嚴故**며

"또 보살 십지十地의 처음과 끝을 다 얻게 하려는 연고며, 보살 십지의 차별한 모양을 사실대로 말하게 하려는 연고며, 일체 불법佛法을 반연하여 생각하게 하려는 연고며, 누漏가 없는 법[無漏法]을 닦아 분별하게 하려는 연고며, 큰 지혜의 광명으로 교묘하게 장엄함을 잘 선택하여 관찰케 하려는 연고이니라."

선입결정지문고　　수소주처　　　차제현설무
善入決定智門故며 **隨所住處**하야 **次第顯說無**

소외고　　득무애변재광명고　　　주대변재지
所畏故며 **得無礙辯才光明故**며 **住大辯才地**하야

선결정고　　억념보살　　　심불망실고　　성숙일
善決定故며 **憶念菩薩**하야 **心不忘失故**며 **成熟一**

체중생계고　　능변지일체처　　　결정개오고
切衆生界故며 **能徧至一切處**하야 **決定開悟故**니라

"결정한 지혜의 문에 잘 들어가게 하려는 연고며, 머무는 곳을 따라 두려움 없는 것을 차례로 나타내어 설하게 하려는 연고며, 걸림이 없는 변재辯才의 광명을 얻게 하려는 연고며, 큰 변재의 지위에 머물러 잘 결정케 하려는 연고며, 보살을 생각하여 잊지 않게 하려는 연고며, 일체 중생계를 성숙케 하려는 연고며, 모든 곳에 두루 이르러 결정코 깨우치게 하려는 연고이니라."

다시 가피하는 내용에서 시방의 십억 불찰미진수의 부처님이 금강장보살에게 이타利他의 가피를 하시는 까닭을 낱낱이 밝혔다. 어설픈 부연보다는 한 구절 한 구절을 깊이 사

유하면서 읽는 것이 더 유익하리라.

3) 가피의 모습

(1) 말씀으로 가피하다

선남자　여당변설차법문차별선교법　　소
善男子야 **汝當辯說此法門差別善巧法**이니 **所**

위승불신력　　여래지명소가고　　정자선근고
謂承佛神力하야 **如來智明所加故**며 **淨自善根故**며

보정법계고　　보섭중생고　　심입법신지신고
普淨法界故며 **普攝衆生故**며 **深入法身智身故**며

수일체불관정고　　득일체세간최고대신고　　초
受一切佛灌頂故며 **得一切世間最高大身故**며 **超**

일체세간도고　　청정출세선근고　　만족일체지
一切世間道故며 **淸淨出世善根故**며 **滿足一切智**

지고
智故니라

"선남자여, 그대는 마땅히 이 법문의 차별하고 선교
善巧한 법을 말할 것이니라. 이른바 부처님의 신력을 받

들어서 여래의 지혜와 밝음으로써 가피하는 연고며, 자기의 선근을 깨끗이 하는 연고며, 법계를 두루 청정하게 하는 연고며, 중생들을 두루 포섭하는 연고며, 법신과 지혜의 몸에 깊이 들어가는 연고며, 일체 부처님의 관정灌頂을 받는 연고며, 일체 세간의 가장 높고 큰 몸을 얻는 연고며, 일체 세간의 길에서 초월하는 연고며, 출세간 선근을 청정하게 하는 연고며, 일체 지혜의 지혜를 만족케 하는 연고이니라."

시방의 부처님들이 금강장보살에게 가피를 내려서 아주 뛰어난 법을 설하게 하려고 한다. 가피는 세 가지, 몸과 말과 뜻으로 하는데 먼저 말씀으로 가피하신다. "그대는 마땅히 다른 법과 다른, 아주 뛰어나고 수승한 법을 설하여라. 또 중생을 교화함에 있어 수단과 방법이 아주 빼어난 방법을 설하라."고 하시면서 열 구절을 들어 말하였다.

(2) 마음으로 가피하다

이시 시방제불 여금강장보살무능영탈신
爾時에 **十方諸佛**이 **與金剛藏菩薩無能暎奪身**

여무애요설변 여선분별청정지 여선
하며 **與無礙樂說辯**하며 **與善分別淸淨智**하며 **與善**

억념불망력 여선결정명료혜 여지일체
憶念不忘力하며 **與善決定明了慧**하며 **與至一切**

처개오지 여성도자재력 여여래무소외
處開悟智하며 **與成道自在力**하며 **與如來無所畏**하며

여일체지인관찰분별제법문변재지 여일체
與一切智人觀察分別諸法門辯才智하며 **與一切**

여래상묘신어의구족장엄
如來上妙身語意具足莊嚴하시니

그때에 시방의 부처님들이 금강장보살에게 빼앗을
수 없는[無能暎奪] 몸을 주고, 걸림 없이 말할 수 있는 변
재를 주고, 분별을 잘하는 청정한 지혜를 주고, 잘 기억
하여 잊어버리지 않는 힘을 주고, 잘 결정하여 훤히 아
는 지혜를 주고, 온갖 곳에 이르러 깨달아 아는 지혜를
주고, 도道를 이루어 자재하는 힘을 주고, 여래의 두려
움 없음을 주고, 온갖 지혜를 가진 사람이 모든 법문을

관찰하여 분별하는 변재의 지혜를 주고, 일체 여래의 가장 묘한 몸과 말과 뜻으로 구족하게 장엄함을 주었습니다.

　시방의 부처님이 금강장보살에게 마음으로 가피하는 내용을 경전을 결집한 경가經家가 설명하고 있다. 역시 열 가지로써 밝혔다.

　　하 이 고　　득 차 삼 매　　법 여 시 고　　본 원 소 기 고
　　何以故오 得此三昧에 法如是故며 本願所起故며

　　선 정 심 심 고　　선 정 지 륜 고　　선 적 집 조 도 고　　선
　　善淨深心故며 善淨智輪故며 善積集助道故며 善

　　수 치 소 작 고　　염 기 무 량 법 기 고　　지 기 청 정 신
　　修治所作故며 念其無量法器故며 知其淸淨信

　　해 고　　득 무 착 류 총 지 고　　법 계 지 인 선 인 고
　　解故며 得無錯謬總持故며 法界智印善印故니라

　왜냐하면 이 삼매를 얻으면 법이 이와 같은 연고며, 본래의 원願으로 일으키는 연고며, 깊은 마음을 잘 깨끗하게 하는 연고며, 지혜를 잘 깨끗하게 하는 연고며, 도

道를 돕는 법을 잘 모으는 연고며, 지을 것을 잘 닦는 연고며, 그 한량없는 법기法器를 생각하는 연고며, 그 청정한 믿음과 지혜를 아는 연고며, 착오가 없는 총지를 얻는 연고며, 법계法界 지혜의 인印으로 잘 인가하는 연고였습니다.

시방의 부처님이 금강장보살에게 마음으로 가피하는 까닭을 열 가지를 들어 밝혔다.

(3) 몸으로 가피하다

이 시   시 방 제 불   각 신 우 수   마 금 강 장 보
爾時에 **十方諸佛**이 **各申右手**하사 **摩金剛藏菩**

살 정
薩頂하시니라

그때에 시방의 모든 부처님이 각각 오른손을 펴서 금강장보살의 이마를 만지시었습니다.

시방의 모든 부처님이 몸으로 가피하는 것을 밝혔다. 오

른손으로 금강장보살의 이마를 만지시어 모든 법의 능력을
인정하는 것을 보인 것이다.

4. 삼매에서 일어나다

마 정 이　금 강 장 보 살　종 삼 매 기
摩頂已에 **金剛藏菩薩**이 **從三昧起**하시니라

이마를 만지자 금강장보살이 삼매에서 일어났습니다.

청량스님은 소疏에서 삼매에서 일어난 것에 대하여 이와 같이 말하였다. "제4는 삼매에서 일어나는 부분이다. 삼매에서 일어난 까닭은 삼매의 일을 다 마쳤기 때문이다. 왜 마치는가? 이미 수승한 힘을 얻었기 때문이다. 비록 이미 힘을 얻었더라도 왜 다시 선정에 들지 않는가? 법을 설할 때가 되었기 때문이다. 왜 선정 속에서는 설하지 않는가? 선정 속에서는 말이 없기 때문이다."[3]

---

3) 第四, 起分：所以起者, 三昧事訖故. 云何訖, 已得勝力故. 雖已得力 何不且定, 說時至故. 何不定中說, 定無言說故.

5. 십지十地의 강요綱要를 말하다

보고일체보살중언
普告一切菩薩衆言하사대 **諸佛子**야 **諸菩薩**이

원선결정　　　무잡　　불가견　　광대여법계
願善決定하나니 **無雜**하며 **不可見**하며 **廣大如法界**하며

구경여허공　　진미래제　　변일체불찰　　구
究竟如虛空하야 **盡未來際**하며 **徧一切佛刹**하야 **救**

호일체중생　　위일체제불소호　　입과거미래
護一切衆生하며 **爲一切諸佛所護**하야 **入過去未來**

현재제불지지
現在諸佛智地니라

　　삼매에서 일어나서는 일체 보살 대중에게 널리 말하
였습니다. "불자들이여, 모든 보살의 서원이 매우[善] 분
명하게 결정決定하나니 혼잡함이 없으며, 볼 수 없으며,
광대하기 법계와 같으며, 끝없기 허공과 같아서 오는
세상이 끝날 때까지 이르며, 모든 부처님의 세계에 두

루 하여 일체 중생을 구호하며, 일체 모든 부처님의 보
호하는 바가 되어 과거 미래 현재 모든 부처님의 지혜
인 지위에 들어갔습니다."

십지법의 실체實體가 매우 분명하고 확실한 결정을 여섯
구절로 밝혔다. 분명하여 혼잡함이 없으며, 높아서 다른 지
위에서는 볼 수 없으며, 법이 넓고 크기가 법계와 같으며, 그
끝이 허공계와 같아서 먼 미래에까지 이르며, 십지의 법이 일
체 세계에 두루 하여 일체 중생을 다 구호하며, 십지의 법은
일체 모든 부처님의 보호할 바가 되어 삼세 모든 부처님의
지혜의 지위에 다 들어간다.

불자 하등 위보살마하살지지 불자 보
佛子야 何等이 爲菩薩摩訶薩智地오 佛子야 菩

살마하살지지 유십종 과거미래현재제불
薩摩訶薩智地가 有十種하니 過去未來現在諸佛이

이설당설금설 아역여시설
已說當說今說일새 我亦如是說이니

"불자들이여, 어떤 것을 보살마하살의 지혜의 지위라 합니까. 불자들이여, 보살마하살의 지혜의 지위에 열 가지가 있습니다. 과거 미래 현재의 모든 부처님이 이미 말씀하셨고, 장차 말씀하실 것이며, 지금 말씀하십니다. 저도 또한 이와 같이 설하겠습니다."

부연해서 뜻으로 번역하겠다. "무엇이 보살마하살의 지혜의 지위[十地]인가? 열 가지가 있는데 그 법은 워낙 확실하고 뚜렷하고 결정적이고 분명한 것이기 때문에 과거 부처님이 이미 설하셨으며, 미래 부처님이 설하실 것이며, 현재의 모든 부처님이 설하고 계신다. 그러므로 저 금강장보살도 또한 이와 같이 설한다."

何等이 爲十고 一者는 歡喜地요 二者는 離垢地요
三者는 發光地요 四者는 焰慧地요 五者는 難勝地

육자　　현전지　　칠자　　원행지　　팔자　부동
요 **六者**는 **現前地**요 **七者**는 **遠行地**요 **八者**는 **不動**

지　　구자　　선혜지　　십자　　법운지
地요 **九者**는 **善慧地**요 **十者**는 **法雲地**라

"무엇이 열 가지입니까?[4] 하나는 환희지歡喜地요, 둘
은 이구지離垢地요, 셋은 발광지發光地요, 넷은 염혜지焰慧
地요, 다섯은 난승지難勝地요, 여섯은 현전지現前地요, 일곱
은 원행지遠行地요, 여덟은 부동지不動地요, 아홉은 선혜지
善慧地요, 열은 법운지法雲地입니다."

이 열 가지 지위에 대해서는 무려 여섯 권의 글을 빌려 서
술하고 있으므로 각주에서 간략히 소개하였다.

---

4) 참고로 십지를 일반 사전의 해석에 의지하여 간략히 소개한다. 보살이 수행 과
정에서 거치는 열 가지 단계이다. ① 환희지歡喜地 : 선근과 공덕을 원만히 쌓
아 비로소 성자의 경지에 이르러 기쁨에 넘침 ② 이구지離垢地 : 계율을 잘 지켜
마음의 때를 벗음 ③ 발광지發光地 : 점점 지혜의 광명이 나타남 ④ 염혜지焰慧
地 : 지혜의 광명이 번뇌를 태움 ⑤ 난승지難勝地 : 끊기 어려운 미세한 번뇌를
소멸시킴 ⑥ 현전지現前地 : 연기緣起에 대한 지혜가 바로 눈앞에 나타남 ⑦ 원
행지遠行地 : 미혹한 세계에서 멀리 떠남 ⑧ 부동지不動地 : 모든 것에 집착하지
않는 지혜가 끊임없이 일어나 결코 번뇌에 동요하지 않음 ⑨ 선혜지善慧地 : 걸
림 없는 지혜로써 두루 가르침을 설함 ⑩ 법운지法雲地 : 지혜의 구름이 널리 진
리의 비를 내림. 구름이 비를 내리듯 부처님의 가르침을 널리 중생들에게 설함.

불자　차　보　살　십　지　　삼　세　제　불　　이　설　당　설　금
佛子야 **此菩薩十地**를 **三世諸佛**이 **已說當說今**

설
說이니라

"불자들이여, 이 보살의 십지를 삼세 모든 부처님이
이미 설하셨으며, 앞으로 설하실 것이며, 지금 설하십
니다."

앞에서도 "보살 십지十地의 법을 과거 미래 현재의 모든 부
처님들이 이미 말씀하셨고, 장차 말씀하실 것이며, 지금 말
씀하십니다. 저도 또한 이와 같이 설하겠습니다."라고 하였
고 지금도 거듭 같은 말씀을 하고 있다. 십지의 법은 깨달음
의 세계에서 변할 수 없고, 움직일 수 없고, 없을 수 없는 절
대적인 법이라는 사실을 강조한 것이다.

불자　　아　불　견　유　제　불　국　토　　기　중　여　래　　불　설
佛子야 **我不見有諸佛國土**에 **其中如來**가 **不說**

차　십　지　자　　하　이　고　　차　시　보　살　마　하　살　　향　보　리
此十地者니 **何以故**오 **此是菩薩摩訶薩**의 **向菩提**

최상도　　역 시 청 정 법 광 명 문　　소 위 분 별 연 설
最上道며 **亦是淸淨法光明門**이니 **所謂分別演說**

보 살 제 지
菩薩諸地니라

　"불자들이여, 모든 부처님의 국토에 계신 여래께서
이 십지+地를 말씀하지 않는 이를 나는 보지 못하였습
니다. 무슨 까닭입니까. 이것은 보살마하살이 보리菩提
로 가는 가장 좋은 길이며, 또한 청정한 법의 광명의 문
입니다. 이른바 보살의 모든 지위를 분별하여 연설하는
것입니다."

　십지법의 중요성을 거듭 밝힌다. "모든 부처님의 국토에
계신 여래께서 이 십지+地를 말씀하지 않는 이를 나는 보지
못하였다."고 하면서 그 까닭을 설한다. 즉 "보살마하살의
깨달음으로 나아가는 최상의 방법이며 또한 청정한 법의 광
명의 문이다. 이른바 보살의 모든 지위를 분별하여 연설하
는 것이다."라고 하였다.

　보살의 십지는 맨 처음 세존의 위대함을 느낀 제자들이
'이와 같이 훌륭한 분은 아마도 지난 세상에 오랜 세월 동안

수행을 쌓은 결과일 것이다.'라고 생각하고 그 지난 과거의 수행을 열 단계로 나누어 정리하기에 이른 것이다. 그것을 보살의 과거생의 수행이라고 여기게 되었다. 그것이 보살의 십지로 굳어지고 다시 십주, 십행, 십회향이라는 삼현과 십지로 정리되고, 또다시 십신과 등각과 묘각까지 더하여 52위가 이뤄진 것이다. 그래서 혹자 중에는 십지만을 수행의 단계로 여기는 이도 있다.

불자 차처 불가사의 소위제보살수증지
佛子야 **此處**가 **不可思議**니 **所謂諸菩薩隨證智**
니라

"불자들이여, 이것은 불가사의합니다. 이른바 모든 보살의 깨달음[證]을 따르는 지혜입니다."

보살의 십지란 참으로 불가사의한 것이다. 모든 수행하는 보살들의 궁극의 목표인 깨달음을 따르는 지혜이다. 즉 보살 십지는 깨달음이며 깨달음의 지혜다.

6. 자세히 설說해 줄 것을 청하다

1) 해탈월解脫月보살이 법을 청하다

(1) 회중會衆의 생각을 받들어 법을 청하다

이 시　금 강 장 보 살　설 차 보 살 십 지 명 이
爾時에 **金剛藏菩薩**이 **說此菩薩十地名已**하시고

묵 연 이 주　　불 부 분 별
默然而住하사 **不復分別**하신대

이때에 금강장보살이 이 보살 십지十地의 이름을 말하고는 잠자코 있으면서 다시 분별하지 아니하였습니다.

십지품의 설법주說法主인 금강장보살이 정작 십지의 명목만을 소개하고 묵묵히 있으면서 더 이상 설명하지 않았다. 그러자 해탈월보살이 법회에 모인 대중들이 궁금해하는 심정을 알고 그들의 생각을 받들어 법을 청하는 단락이다.

시 시   일 체 보 살 중   문 보 살 십 지 명   불 문 해
是時에 一切菩薩衆이 聞菩薩十地名하고 不聞解

석   함 생 갈 앙   작 여 시 념   하 인 하 연
釋하야 咸生渴仰하야 作如是念하사대 何因何緣으로

금 강 장 보 살   유 설 보 살 십 지 명   이 불 해 석
金剛藏菩薩이 唯說菩薩十地名하고 而不解釋고

이때에 모든 보살 대중들이 보살 십지의 이름만 듣
고 해석은 듣지 못하였으므로 모두 갈망하는 마음을 내
어 이와 같이 생각하였습니다. '무슨 인因과 무슨 연緣으
로 금강장金剛藏보살이 오직 보살 십지의 이름만 설하고
해석은 하지 않는가?'

일체 보살들이 그 중요한 십지법문의 이름만 말하고 해
석은 하지 않는 것에 대해 궁금해하는 마음을 밝혔다. 인因
은 근본이 되는 씨앗이며 직접적인 원인이다. 연緣은 그 씨
앗이 움을 틔울 수 있게 하는 보조적인 조건들이다. 그것을
합하여 인연이라 한다. 도대체 무슨 인과 무슨 연으로 금강
장보살은 십지의 이름만 소개하고 해석은 하지 않는가? 그
까닭은 무엇일까? 사람으로 하여금 갈증 나고 조바심 나

게 한다.

<ruby>解脫月菩薩<rt>해탈월보살</rt></ruby>이 <ruby>知諸大衆心之所念<rt>지제대중심지소념</rt></ruby>하사 <ruby>以頌問<rt>이송문</rt></ruby>

<ruby>金剛藏菩薩曰<rt>금강장보살왈</rt></ruby>

해탈월보살이 모든 대중이 마음으로 생각하는 것을 알고 금강장보살에게 게송으로 물었습니다.

<ruby>何故淨覺人<rt>하고정각인</rt></ruby>이   <ruby>念智功德具<rt>염지공덕구</rt></ruby>하사

<ruby>說諸上妙地<rt>설제상묘지</rt></ruby>에   <ruby>有力不解釋<rt>유력불해석</rt></ruby>이니잇고

무슨 일로 청정하게 깨달으시고
염念과 지智와 공덕을 갖춘 분으로서
가장 미묘한 십지의 이름만 설하시고
힘은 있으면서 해석하지 않으십니까?

해탈월보살이 스스로도 궁금하지만 대중들의 궁금해하는 마음을 읽고 게송을 읊어서 아름다운 노래로 질문한다. 먼저 금강장보살을 찬탄한다. 청정하신 깨달음을 성취하신 분, 바른 기억과 지혜와 일체 공덕을 다 갖추신 분, 어찌하여 가장 미묘한 십지의 이름만 설하시고 힘은 있으면서 해석하지 않으십니까?

일 체 함 결 정
一切咸決定하야

용 맹 무 겁 약
勇猛無怯弱이어늘

하 고 설 지 명
何故說地名하고

이 불 위 개 연
而不爲開演이니잇고

모든 사람들의 근기는 결정되었고
용맹하여 겁약하지 아니하거늘
무슨 일로 십지의 이름만 말하시고
우리를 위해 해석하지 않으십니까?

일체 대중은 십지의 법을 들을 수 있는 근기가 이미 확실하게 결정되었고, 용맹하고 두려움도 없다. 법화경의 경우처

럼 5천 명[5]이나 되는 아라한이 법석에서 물러갈 정도로 나약하거나 교만한 사람이 이곳에는 없다. 그런데 무슨 까닭으로 십지의 이름만 소개하고 그 뜻을 열어서 해석하지 않는가?

제 지 묘 의 취
諸地妙義趣를

차 중 개 욕 문
此衆皆欲聞하야

기 심 무 겁 약
其心無怯弱하니

원 위 분 별 설
願爲分別說하소서

모든 지위의 심오하고 묘한 이치를

이 대중들이 모두 듣기를 갈망하오며

마음도 겁약하지 아니하오니

원컨대 분별하여 말씀하소서.

---

5) 법화경 〈방편품〉에, "이때 세존께서 사리불에게 말씀하셨습니다. '그대가 이제 은근하게 세 번이나 청하였으니 어찌 말하지 않을 수 있겠는가? 그대는 자세히 듣고 잘 생각하라. 내 이제 그대들을 위해서 분별하여 해설하리라.' 이 말씀을 하실 때에 법회 중에 있던 비구, 비구니와 우바새, 우바이들 5천 명이 자리에서 일어나 부처님께 예배하고 물러갔습니다. 왜냐하면 이 사람들은 죄의 뿌리가 깊고 무거우며 매우 교만해서 얻지 못하고도 얻었노라 하고 깨닫지 못하고도 깨달았노라 하는 이들이었습니다. 이러한 허물이 있으므로 법회에 머물러 있지 아니하였습니다. 그리고 세존께서도 묵묵히 계시면서 그들을 말리지 아니하였습니다."라고 하였다.

해탈월보살은 십지의 심오한 뜻과 미묘한 이치를 짐작한다. 또한 대중들이 그 심오한 뜻을 듣고자 함을 강력하게 표현하면서 설해 주기를 발원한다.

중 회 실 청 정　　　　　이 해 태 엄 결
衆會悉淸淨하야　　　**離懈怠嚴潔**하며

능 견 고 부 동　　　　　구 공 덕 지 혜
能堅固不動하야　　　**具功德智慧**니이다

여기 모인 대중들 청정하옵고
게으름을 여의고 정결하오며
마음이 견고하고 흔들리지 않아
공덕과 모든 지혜 갖추었습니다.

법화경에서 법석에서 물러난 5천 명 대중들의 수준과는 다르다는 점을 명확하게 밝히고 있다. 마음이 텅 비어 청정하며, 게으르지 않고 열심히 정진하며, 신심이 견고하여 흔들리지 않으며, 훌륭한 공덕과 지혜를 잘 갖추어서 십지법문을 충분히 들을 만한 수준의 대중이라는 것을 분명히 하였다.

상 시 함 공 경
相視咸恭敬하야

일 체 실 전 앙
一切悉專仰호대

여 봉 념 호 밀
如蜂念好蜜하며

여 갈 사 감 로
如渴思甘露하노이다

서로서로 바라보고 다 같이 공경하오며

모두들 한결같이 우러르기를

벌들이 좋은 꿀을 생각하듯이

목마른 이가 감로수를 그리워하듯 합니다.

십지법문을 간절하게 듣고자 하는 대중들의 모습이 선연히 그려지는 내용이다. 마치 벌들이 좋은 꿀을 발견하고 무수히 모여드는 듯한 모습이다. 또 갈증을 심하게 느낀 사람이 감로수를 그리워하는 듯한 모습이다.

(2) 법이 깊고 어려우므로 설하지 아니하다

이 시 대 지 무 소 외 금 강 장 보 살   문 시 설 이
爾時에 **大智無所畏金剛藏菩薩**이 **聞是說已**하고

욕 령 중 회 심 환 희 고 위 제 불 자   이 설 송 언
欲令衆會로 **心歡喜故**로 **爲諸佛子**하야 **而說頌言**
하사대

그때에 큰 지혜 있고 두려움이 없는 금강장보살이
이 말을 듣고 나서 모인 대중들의 마음을 즐겁게 하려
고 모든 불자들을 위하여 게송으로 말하였습니다.

보 살 행 지 사   최 상 제 불 본
菩薩行地事가   **最上諸佛本**이니

현 시 분 별 설   제 일 희 유 난
顯示分別說이   **第一希有難**이로다

보살들이 행하는 십지+地의 일은
가장 높아 모든 부처님의 근본이시니
드러내고 분별하여 설명하기란
제일가고 희유하고 매우 어렵도다.

해탈월보살이 금강장보살에게 십지의 법을 설해 주기를 청하였으나 금강장보살은 다시 그 법이 깊고 어려우므로 설할 수 없음을 게송으로 말한다. 즉 십지는 가장 높은 법이며, 모든 부처님의 근본이며, 제일가는 희유한 법이기 때문에 분별하여 설명하기 어렵다고 하였다.

미 세 난 가 견
微細難可見이며

이 념 초 심 지
離念超心地며

출 생 불 경 계
出生佛境界니

문 자 실 미 혹
聞者悉迷惑이로다

미세하여 보기 어렵고
생각을 여의었고 마음을 초월하여
부처님의 경계를 출생함이니
듣는 이는 모두 다 미혹하리라.

또 십지의 법은 미세하여 보기 어렵고, 생각과 마음을 초월하였으며, 부처님의 경계를 출생함이니 들어 봐야 모두 미혹에 빠질 것이기 때문에 설할 수 없다고 한다.

지 심 여 금 강
持心如金剛하야

심 신 불 승 지
深信佛勝智하며

지 심 지 무 아
知心地無我하야사

능 문 차 승 법
能聞此勝法이로다

들으려는 마음이 금강과 같고
부처님의 수승한 지혜 깊이 믿으며
마음자리[心地]는 아我가 없음을 알아야
이 수승한 법을 능히 들을 수 있도다.

    다만 다음과 같은 조건을 갖추었다면 이 십지의 법을 능히 들을 수 있을 것이다. 그 조건이란 법을 들으려는 마음이 금강과 같이 굳건하고, 부처님의 수승한 지혜를 깊이 믿고, 마음자리[心地]는 아我가 없음을 알아야 한다. 그래야 비로소 이 수승한 십지의 법을 들을 수 있을 것이다. 제법무아諸法無我의 이치는 소승불교든 근본불교든 중승불교든 대승불교든 보살불교든 모든 불교의 기본이다. 제법무아의 기본이 튼튼해야 십지의 법문을 들을 수 있다는 뜻이다.

여 공 중 채 화
如空中彩畵하며

여 공 중 풍 상
如空中風相하니

모 니 지 여 시
牟尼智如是하야

분 별 심 난 견
分別甚難見이로다

허공에 그려 놓은 그림과 같고
공중에 부는 바람의 모양과 같아
부처님의 지혜가 이와 같아서
분별하거나 보기가 매우 어렵도다.

부처님의 지혜도 제법무아와 같아서 실체가 없다. 마치
허공에 그려 놓은 그림과 같고, 공중에 부는 바람의 모양과
같아서 분별하여 보기가 매우 어렵다. 그러므로 함부로 설
할 수 없다는 뜻이다. 모든 사람들은 눈에 보이고 귀에 들리
듯이 밖으로 드러난 현상은 이해할 수 있으나, 보이지 않고
들리지 않으면서 모든 것의 근본이 되는 참나와 참사람과
참마음과 진여자성과 법성진여에 대해서는 이해할 수 없기
때문에 이 십지의 법을 이해하지 못할 것이라는 뜻이다.
　마치 물은 알아도 물속의 짠맛은 알지 못하는 것과 같으
며, 물감은 알아도 물감 속에 들어 있는 아교는 알지 못하

는 것과 같다.

<table>
<tr><td>아 념 불 지 혜
我念佛智慧가</td><td>최 승 난 사 의
最勝難思議라</td></tr>
<tr><td>세 간 무 능 수
世間無能受일새</td><td>묵 연 이 불 설
默然而不說이로라</td></tr>
</table>

부처님의 지혜가 가장 수승해

헤아릴 수 없음을 내가 생각해 보니

세상 사람은 이 이치를 알 이가 없기에

잠잠하고 말하지 아니하노라.

　금강장보살이 다시 '부처님의 지혜는 가장 수승하고 불가사의하다. 세속적인 상식에 젖어 있는 세상 사람들은 이와 같은 부처님의 지혜를 드러내는 십지법문을 알지 못하리라. 그래서 설하지 않고 묵묵히 그냥 있게 되었다.'라고 한 것이다.

(3) 대중의 덕을 찬탄하고 다시 청하다

이 시   해 탈 월 보 살   문 시 설 이   백 금 강 장
爾時에 解脫月菩薩이 聞是說已하고 白金剛藏

보 살 언
菩薩言하사대

이때에 해탈월보살이 이 말을 듣고 금강장보살에게
사뢰었습니다.

불 자   금 차 중 회   개 실 이 집   선 정 심 심
佛子야 今此衆會가 皆悉已集하야 善淨深心하며

선 결 사 념   선 수 제 행   선 집 조 도   선 능 친
善潔思念하며 善修諸行하며 善集助道하며 善能親

근 백 천 억 불   성 취 무 량 공 덕 선 근   사 리 치
近百千億佛하며 成就無量功德善根하며 捨離癡

혹   무 유 구 염   심 심 신 해   어 불 법 중   불
惑하며 無有垢染하며 深心信解하며 於佛法中에 不

수 타 교
隨他敎하나니라

"불자시여, 지금 회중이 모두 모였사온대, 깊은 마음

이 매우 깨끗하였고, 생각함이 매우 조촐하여졌고, 여러 행行을 잘 닦았고, 도道를 돕는 법을 잘 모았고, 백천억 부처님을 친근하였고, 한량없는 공덕과 선근을 성취하였고, 어리석은 의혹을 버리었고, 때에 물들지 아니하고, 깊은 마음으로 믿고 이해하며, 불법佛法 가운데서는 다른 이의 가르침을 따르지 아니합니다."

해탈월보살이 법회에 모인 대중들의 수준과 공덕과 능력과 법력을 찬탄하여 나타내면서 법을 거듭 청한다. 법석이 이와 같이 열렸는데 설주說主가 한두 번 사양한다고 해서 그만둘 수 있겠는가. 열 번이고 스무 번이고 법을 청해야 할 것이다.

선 재 불 자　　당 승 불 신 력　　이 위 연 설　　　차
善哉佛子야 當承佛神力하야 而爲演說하소서 此

제 보 살　　어 여 시 등 심 심 지 처　　개 능 증 지
諸菩薩이 於如是等甚深之處에 皆能證知리이다

"훌륭하신 불자시여, 마땅히 부처님의 신력을 받들어

연설하여 주소서. 이 모든 보살들은 이와 같은 대단히
깊은 경지까지라도 모두 능히 증득하여 알 것입니다.”

이 시 해 탈 월 보 살 욕 중 선 기 의   이 설 송 왈
爾時에 **解脫月菩薩**이 **欲重宣其義**하사 **而說頌曰**

그때에 해탈월보살이 다시 그 뜻을 펴려고 게송으로
말하였습니다.

원 설 최 안 은   보 살 무 상 행
願說最安隱한   **菩薩無上行**하소서

분 별 어 제 지   지 정 성 정 각
分別於諸地하면   **智淨成正覺**하리이다

바라건대 가장 편안하신
보살의 위없는 행行을 말씀하소서.
모든 지위의 이치를 분별하시면
지혜가 청정하여 정각을 이룰 것입니다.

해탈월보살이 장문에서 법을 청하고 다시 게송으로 그 뜻을 거듭 밝힌다. 보살의 가장 높은 십지의 행과 지위에 대한 이치를 설하면 지혜가 청정한 대중들은 모두 정각을 이룰 것이라고 밝혔다.

차 중 무 제 구
此衆無諸垢하고

지 해 실 명 결
志解悉明潔하며

승 사 무 량 불
承事無量佛하니

능 지 차 지 의
能知此地義리이다

이 대중들은 모든 때가 없으며
뜻과 이해 모두 밝고 조촐하오며
한량없는 부처님을 섬겼으므로
이 십지의 바른 이치 능히 알 것입니다.

해탈월보살이 대중들은 모든 때가 없으며 뜻과 이해 모두 밝고 조촐하며 과거에 한량없는 부처님을 섬겼으므로 이 십지의 바른 이치를 능히 알 것이라는 점을 다시 강조하였다.

(4) 감당할 수 없는 이를 염려하여 묵연하다

이시 금강장보살 언 불자 수차중집
爾時에 金剛藏菩薩이 言하사대 佛子야 雖此衆集이

선정사념 사리우치 급이의혹 어심심
善淨思念하며 捨離愚癡와 及以疑惑하고 於甚深

법 불수타교 연유기여열해중생 문차심심
法에 不隨他敎나 然有其餘劣解衆生이 聞此甚深

난사의사 다생의혹 어장야중 수제쇠뇌
難思議事하면 多生疑惑하야 於長夜中에 受諸衰惱

아민차등 시고묵연
하리니 我愍此等일새 是故默然이로라

그때에 금강장보살이 말하였습니다. "불자시여, 비록 이 대중들은 생각이 깨끗하고 어리석음과 의혹을 여의어서 매우 깊은 법에 들고 다른 이의 가르침을 따르지 않는다고 하지만, 그러나 그 밖에 이해가 부족한 중생들은 매우 깊고 불가사의한 일을 들으면 흔히 의혹을 내어 긴긴 밤에 여러 가지 괴로움을 받을 것입니다. 제가 이러한 이들을 불쌍히 여겨 묵묵히 있었습니다."

해탈월보살이 십지법문을 다시 청하자 금강장보살이 설

하지 않고 묵연히 있는 까닭을 밝혔다. 이 십지법문에 대해
여기 모인 대중들은 어리석음과 미혹이 없어서 깊고 깊은 법
을 스스로 깨달을 수 있다고 하지만, 여타의 다른 중생들은
이 깊은 십지법문을 들으면 오히려 의혹을 일으켜서 괴로움
을 받을 것이기 때문에 묵연히 있는 것이라고 하였다.

이시 금강장보살 욕중선기의 이설송
爾時에 **金剛藏菩薩**이 **欲重宣其義**하사 **而說頌**

왈
曰

그때에 금강장보살이 그 뜻을 다시 펴려고 게송으로
말하였습니다.

수차중정광지혜 심심명리능결택
雖此衆淨廣智慧하며 **甚深明利能決擇**하며

기심부동여산왕 불가경복유대해
其心不動如山王하며 **不可傾覆猶大海**나

비록 이 대중들은 청정하고 지혜가 넓으며

매우 깊고 밝고 영리하여 결택을 잘하며

그 마음 동하지 않는 것이 수미산 같고

기울여 엎을 수 없음이 바다 같으나

유 행 미 구 해 미 득　　　　수 식 이 행 불 수 지
有行未久解未得하야　　**隨識而行不隨智**라

문 차 생 의 타 악 도　　　　아 민 시 등 고 불 설
聞此生疑墮惡道하나니　**我愍是等故不說**이로라

수행이 오래지 않고 지혜가 얕아

의식意識만 따라가고 지혜를 따르지 않아

이 법 듣고 의심하면 악도에 떨어지니

내가 그들을 불쌍히 여겨 말하지 않노라.

　설하지 않고 묵연히 있는 까닭을 게송으로 거듭 설하였다. 앞의 게송은 십지법문을 들을 수 있는 대중에 대해서 언급하였고, 다음의 게송은 십지법문을 들을 수 없는 근기에 대해서 밝혔다. 게송 중에 "의식意識만 따라가고 지혜를 따

르지 않는"의 "수식이행불수지隨識而行不隨智" 구절은 화엄경에
서 명구다. 실로 깨달음은 관념이나 생각이나 자아의식의
한계에서는 이해되지 않는 경지이다. 깨달음의 지혜라야 이
해되는 경지이기 때문에 그 점을 밝혔다. 생각과 관념에서
벗어나지 못하는 근기는 이해하지 못하기 때문에 불쌍하여
묵연히 있게 되었다는 것이다. 거의 모든 사람들은 생각과
관념의 한계인 사량하고 분별하는 의식만을 따르고 깨달음
의 지혜는 따르지 못한다.

(5) 사람과 법을 함께 찬탄하고 또다시 청하다

이 시   해 탈 월 보 살   중 백 금 강 장 보 살 언
爾時에 **解脫月菩薩**이 **重白金剛藏菩薩言**하사대

그때에 해탈월보살이 금강장보살에게 거듭 말하였습
니다.

불 자   원 승 불 신 력   분 별 설 차 부 사 의 법
佛子야 **願承佛神力**하사 **分別說此不思議法**하소서

차인　당득여래호념　　이생신수
此人이 **當得如來護念**하야 **而生信受**하리이다

"불자시여, 바라건대 부처님의 신력을 받들어 이 부사의한 법을 분별하여 말씀하소서. 이 사람들은 마땅히 여래가 호념護念하시므로 믿고 받아들일 것입니다."

해탈월보살이 세 번이나 거듭하여 십지법문을 청하였다. 중요한 법문을 듣고자 할 때에는 경전에서 세 번을 청하는 사례가 자주 등장한다. 해탈월보살이 십지법문을 세 번이나 청하면서 "이 사람들은 마땅히 여래가 호념護念하시므로 믿고 받아들일 것입니다."라고 하였다. 비록 생각과 관념만을 따르는 미혹한 중생이라 하더라도 여래의 호념, 즉 진여자성이라는 참마음과 참사람과 참나가 있는 사람이라면 충분히 믿고 이해하고 받아들이게 될 것이라는 것이다. 일체 법이 진여자성이며 법성생명인 참사람, 참마음, 참나에서 출발한 것이라면 믿지 못하고 이해하지 못할 까닭이 없기 때문이다. 법문이란 실은 모르는 사람을 위한 것이고, 미혹한 중생을 위한 것이다. 어떤 높은 법이라 하더라도 설하지 못할 이

유가 없다. 어리석고 미혹할수록 설하여 깨우쳐 주어야 하는 것이 보살의 의무다.

하이고　설십지시　일체보살　법응여시득
何以故오 **說十地時**에 **一切菩薩**이 **法應如是得**

불호념　득호념고　어차지지　능생용맹
佛護念하며 **得護念故**로 **於此智地**에 **能生勇猛**이니

"왜냐하면 십지를 말할 때에는 모든 보살이 으레 부처님의 호념을 받으며, 호념을 받으므로 이 지혜의 지위에 능히 용맹을 낼 것입니다."

진여자성인 참사람, 참마음은 우주법계를 다 감싸고도 남는다. 또한 우주법계의 일체 존재의 원리와 함께하고 있다. 그것이 곧 부처님의 호념하심이며 용기이다. 만약 사람이 스스로 어리석다 생각하고 미약한 중생이라 생각하여 십지의 법을 믿지 못하고 이해하지 못한다고 생각한다면 그것은 스스로의 진여생명을 저버리는 것이고 참사람과 참마음의 위대함을 포기하는 것이다.

하이고　차시보살　최초소행　성취일체제
何以故오 **此是菩薩**의 **最初所行**에 **成就一切諸**

불법고　비여서자수설　일체개이자모위본
佛法故라 **譬如書字數說**이 **一切皆以字母爲本**이라

자모구경　무유소분　이자모자
字母究竟에 **無有少分**도 **離字母者**인달하야

"그 까닭을 말하면, 이것이 보살이 최초에 행하는 것
이며, 일체 모든 부처님의 법을 성취하는 연고입니다.
비유하면 마치 글씨와 글자와 수數와 말[說]이 일체가 모
두 자모字母로써 근본이 되었으며, 자모가 구경究竟이어
서 조금도 자모를 떠난 것이 없는 것과 같습니다."

십지법문은 일체 불법의 처음이자 끝이다. 마치 글자나 말
이 자음과 모음이 근본이 되어 이루어지는 것과 같다. 자음
과 모음을 떠나서는 말이나 글자가 되지 않는다.

불자　일체불법　개이십지위본　십지구
佛子야 **一切佛法**이 **皆以十地爲本**이라 **十地究**

경   수행성취   득 일체지   시고불자   원
竟에 修行成就하야 得一切智하나니 是故佛子야 願

위연설   차인 필위여래소호   영기신수
爲演說하소서 此人이 必爲如來所護하야 令其信受

하리이다

"불자시여, 일체 불법佛法이 다 십지十地로써 근본이
되었습니다. 십지가 구경究竟이어서 수행하여 성취하면
일체 지혜를 얻습니다. 그러므로 불자시여, 원컨대 연
설하여 주십시오. 이 사람들은 반드시 여래의 호념하심
으로 믿고 받아들일 것입니다."

십지법문은 일체 불법의 근본이며 일체 불법의 구경이다.
이 십지법문을 수행하여 성취하면 일체 지혜를 얻는다. 다시
한 번 여래의 호념하심을 강조하였다. 여래란 곧 사람 사람
의 자성여래며, 참사람 여래며, 참마음 여래다. 어찌 믿고 이
해하지 못하겠는가.

이 시   해 탈 월 보 살   욕 중 선 기 의   이 설 송
爾時에 **解脫月菩薩**이 **欲重宣其義**하사 **而說頌**

왈
曰

그때에 해탈월보살이 그 뜻을 거듭 펴려고 게송으로
말하였습니다.

선 재 불 자 원 연 설   취 입 보 리 제 지 행
善哉佛子願演說   **趣入普提諸地行**하소서

시 방 일 체 자 재 존   막 불 호 념 지 근 본
十方一切自在尊이   **莫不護念智根本**하나니

훌륭하십니다. 불자시여, 연설하여 주소서.
보리에 나아가는 모든 지地의 행行을.
시방 일체 자재하신 어른께서는
지혜의 근본을 호념하지 않는 이 없습니다.

시방 일체 자재하신 어른이란 곧 진여자성이며 참사람,
참마음이다. 그것이 곧 지혜의 근본을 호념하며 널리 꽃피우
고 펼친다.

차 안 주 지 역 구 경
此安住智亦究竟이라

일 체 불 법 소 종 생
一切佛法所從生이

비 여 서 수 자 모 섭
譬如書數字母攝하야

여 시 불 법 의 어 지
如是佛法依於地니이다

잘 머무는 지혜도 또한 구경이어서

일체 불법이 여기서 나나니

비유컨대 글씨와 수가 자모에 소속하듯

이와 같이 불법은 십지에 의지합니다.

산문에서 말한 내용과 비유를 게송에서 다시 들었다. 십
지의 법은 일체 불법의 처음이자 끝이다. 그래서 일체 불법이
모두 이 십지에서 발생한다고 하였다. 마치 글자나 숫자의
자모와 같다.

2) 법회의 대중들이 법을 청하다

이 시   제 대 보 살 중   일 시 동 성   향 금 강 장
爾時에 **諸大菩薩衆**이 **一時同聲**으로 **向金剛藏**

보 살　이 설 송 언
菩薩하야 **而說頌言**하사대

　그때에 여러 큰 보살들이 일시에 똑같은 소리로 금강장보살을 향하여 게송으로 말하였습니다.

상 묘 무 구 지　　　　무 변 분 별 변
上妙無垢智와　　　**無邊分別辯**으로

선 창 심 미 언　　　　제 일 의 상 응
宣暢深美言하사　　**第一義相應**하시며

최상이고 미묘하고 때 없는 지혜와

끝없이 분별하는 훌륭한 변재로

깊고 아름다운 말씀을 선양하사

제일가는 이치와 서로 응하게 하소서.

　해탈월보살이 대중들을 대신하여 거듭 세 번이나 법을 청하였다. 다음으로는 법회에 모인 보살 대중이 일시에 같은 소리로 금강장보살을 향해 법을 설해 주시기를 함께 청하였다. "가장 높은 지혜와 미묘하고 때가 없는 지혜와 끝없이 분별하는 변재로 깊고 아름다운 말씀을 선양하시어 세상에서 제일가는 이치인 십지에 상응하게 하여 주십시오."라고 하였다.

염지 청정 행
念持淸淨行하야

십력 집 공 덕
十力集功德하사

변 재 분 별 의
辯才分別義하야

설 차 최 승 지
說此最勝地나이다

청정한 행을 기억하여 지니며
열 가지 힘과 공덕을 모으며
말 잘하는 솜씨로 뜻을 분별해서
가장 수승한 십지를 말씀하소서.

십지법문을 설하려면 청정한 행을 지녀야 하며, 열 가지 힘으로 공덕을 모아야 하며, 변재가 뛰어나야 한다. 이와 같은 법력을 갖춰서 십지법문을 설하여 주시기를 청하였다.

정 계 집 정 심　　　　　　이 아 만 사 견
定戒集正心하야　　　　**離我慢邪見**이라

차 중 무 의 념　　　　　　유 원 문 선 설
此衆無疑念하니　　　　**惟願聞善說**하노이다

정定과 계戒로 바른 마음을 모아서
아만我慢과 삿된 소견을 여의었으니
이 대중은 의혹하는 생각이 없습니다.
오직 원컨대 좋은 말씀 듣고자 합니다.

　대중들의 수행은 선정이 이미 갖춰졌으며, 계행도 원만하
고, 바른 마음도 충분하다. 그래서 아만도 없고 삿된 소견
도 떠난 지 오래며 아무런 의혹이 없는 사람들이니 훌륭한
십지의 법문 듣기를 원한다고 간청한다.

여 갈 사 냉 수　　　　　　여 기 념 미 식
如渴思冷水하고　　　　**如饑念美食**하며

여 병 억 양 약　　　　　　여 봉 탐 호 밀
如病憶良藥하고　　　　**如蜂貪好蜜**이라

아 등 역 여 시   원 문 감 로 법
我等亦如是하야   **願聞甘露法**하노니

목마를 때 냉수를 생각하듯이
굶주린 이가 좋은 음식을 생각하듯이
병난 이가 좋은 약을 생각하듯이
벌떼들이 좋은 꿀을 탐하듯이
우리들도 또한 그들과 같이
감로법문 듣기를 원하나이다.

법회에 모인 대중이 십지법문 듣기를 간절히 바라는 마음을 네 가지 비유를 들어 밝혔다. 아무리 법력이 없고 수행이 부족하더라도 다른 사람에게 자신이 믿고 있는 불법을 설명할 때는 청중들이 듣고자 하는 자세가 훌륭해야 한다. 청중들의 마음가짐이 정성스러우면 법을 설하는 사람도 힘을 다하고 최선을 다한다.

선 재 광 대 지   원 설 입 제 지
善哉廣大智로   **願說入諸地**하야

성 십 력 무 애
成十力無礙하는

선 서 일 체 행
善逝一切行하소서

훌륭하여라. 넓고 큰 지혜 가지신 이여,

원컨대 모든 지위에 들어가

장애 없는 열 가지 힘을 갖춰 이루는

부처님의 모든 행을 설하여 주소서.

대중들이 금강장보살의 덕을 찬탄하여 법을 청한다. 십지법문을 설하려면 무엇보다 광대한 지혜가 있어야 한다. 금강장보살의 광대한 지혜를 찬탄하여 십지에 들어가서 걸림 없는 열 가지 힘을 성취하는 부처님의 일체 행을 설해 주시기를 원하였다.

3) 세존이 광명을 놓아 법을 청하다

이 시   세 존   종 미 간 출 청 정 광 명   명 보 살
爾時에 **世尊**이 **從眉間出淸淨光明**하시니 **名菩薩**

역 염 명　　백 천 아 승 지 광 명　　　이 위 권 속　　　보
力焰明이라 **百千阿僧祇光明**으로 **以爲眷屬**하야 **普**

조 시 방 일 체 세 계　　　미 부 주 변　　　삼 악 도 고　　개
照十方一切世界하야 **靡不周徧**하니 **三惡道苦**가 **皆**

득 휴 식
得休息하며

　그때에 세존이 양 미간으로 청정한 광명을 놓으니 이름이 보살역염명菩薩力焰明이었습니다. 백천 아승지 광명으로 권속이 되었으며 시방으로 일체 세계를 널리 비추어서 두루 하지 않은 데가 없었습니다. 그 광명으로 지옥과 아귀와 축생의 고통이 모두 쉬었습니다.

　십지법문을 해탈월보살이 세 번 청하고, 다시 보살 대중들이 함께 청하고, 또다시 세존이 광명을 놓아 법을 청하는 내용이다. 이 광명이 시방 일체 세계에 두루 퍼지니 지옥과 아귀와 축생들의 모든 고통이 그 순간 사라져 버렸다. 광명은 곧 진리를 깨달은 지혜의 빛을 의미한다. 탐욕과 성냄과 어리석음으로 지옥처럼 살고 아귀처럼 살고 축생처럼 살던 사람들이 지혜의 광명으로 한순간에 고통에서 벗어났다는

뜻이리라.

우 조 일 체 여 래 중 회　　현 현 제 불 부 사 의 력
又照一切如來衆會하사 顯現諸佛不思議力하시며

우 조 시 방 일 체 세 계　　일 체 제 불 소 가 설 법 보 살
又照十方一切世界에 一切諸佛所加說法菩薩

지 신　　작 시 사 이　　　어 상 허 공 중　　성 대 광 명
之身하사 作是事已하시고 於上虛空中에 成大光明

운 망 대 이 주
雲網臺而住어시늘

또 일체 여래의 회중會衆을 비추어 모든 부처님의 부
사의한 힘을 나타내었습니다. 또 시방 일체 세계 일체
모든 부처님의 가피로 법을 설하는 보살의 몸을 비추었
습니다. 이런 일을 하고 나서 허공 위에서 큰 광명구름
그물로 된 대臺가 되어 머물렀습니다.

그 광명이 또 일체 여래의 회중을 두루 비추어 모든 부처
님의 불가사의한 힘을 환하게 나타내었다. 또 시방 일체 세
계 일체 모든 부처님의 가피로 법을 설하는 보살의 몸을 비

추었다. 그러고는 허공 위에 큰 광명구름그물로 된 대臺가
되어 머물러 있었다.

時에 十方諸佛도 悉亦如是하사 從眉間出淸淨

光明하시니 其光의 名號眷屬作業이 悉同於此하며

　　그때에 시방의 모든 부처님들도 또한 이와 같이 양
미간으로부터 청정한 광명을 놓으니 그 광명의 이름과
권속과 하는 일이 모두 다 이와 같았습니다.

　　앞에서는 법회의 자리에 있던 세존이 광명을 놓았고, 이
번에는 시방의 모든 부처님이 미간으로부터 광명을 놓았다.
십지법문은 지혜의 빛이 있어야 높고 높은 이치를 잘 알아들
을 수 있기 때문이다.

우역 조차 사바세계불급대중　병금강장보
又亦照此娑婆世界佛及大衆과 **幷金剛藏菩**

살신　사자좌이　　어상허공중　성대광명
薩身과 **獅子座已**하시고 **於上虛空中**에 **成大光明**

운망대　　시　광대중　이제불위신력고　이
雲網臺하시니 **時**에 **光臺中**에 **以諸佛威神力故**로 **而**

설송언
說頌言하사대

　또한 이 사바세계의 부처님과 대중과 금강장보살의
몸과 사자좌를 비추고는 허공 위에서 큰 광명구름그물
대臺가 되었습니다. 그때에 광명대臺 속에서 모든 부처
님의 위신력으로 게송을 설하였습니다.

　시방의 모든 부처님이 광명을 놓아 이 사바세계의 부처님
과 대중과 금강장보살의 몸과 사자좌를 환하게 비추고 나
서 허공에다 광명구름대를 만들었다. 그러자 곧 그 광명구
름대에서 부처님의 위신력으로 게송을 설하였다.

불 무 등 등 여 허 공 　　　십 력 무 량 승 공 덕
佛無等等如虛空하시며　　**十力無量勝功德**이시며

인 간 최 승 세 중 상 　　　석 사 자 법 가 어 피
人間最勝世中上인　　**釋獅子法加於彼**로다

부처님은 대등함이 없어 허공과 같으시며
십력과 한량없는 훌륭한 공덕이시며
인간에서 가장 수승하고 세상의 으뜸이라
석사자釋獅子의 법으로써 금강장보살에게 가피하도다.

　시방의 모든 부처님이 광명을 놓아 십지의 법문 설하기를
청하는 내용을 광명구름대에서 게송으로 읊었다. 부처님이
갖추신 덕을 찬탄한 내용이다. 부처님은 어느 누구와도 대
등함이 없기 때문에 무등등無等等이라고 하였다. 그야말로
천상과 천하에 부처님 같으신 분이 없고, 또 시방세계에 비
교할 사람이 없다. 열 가지 힘과 한량없는 공덕을 갖추셨다.
그래서 인간세상에서 가장 수승하시고 세상의 으뜸이시다.
석씨釋氏 가운데 사자이신 부처님의 법으로 금강장보살에게
가피를 내리셨다.

불자 당 승 제 불 력　　　　개 차 법 왕 최 승 장
佛子當承諸佛力하야　　**開此法王最勝藏**하야

제 지 광 지 승 묘 행　　　　이 불 위 신 분 별 설
諸地廣智勝妙行을　　**以佛威神分別說**이어다

불자여, 마땅히 모든 부처님의 신력을 받들어

법왕의 가장 수승한 법장法藏을 열고

모든 지위 넓은 지혜와 수승하고 미묘한 행을

부처님의 위신력으로 자세히 설하여라.

다시 부연하면 이렇다. "금강장보살이여, 마땅히 모든

부처님의 위신력을 받들어 법왕法王의 가장 수승한 법장法藏

십지의 법을 열고, 낱낱 지위의 넓은 지혜와 수승하고 미묘

한 행行을 일일이 분별하여 연설하여라."

약 위 선 서 력 소 가　　　　당 득 법 보 입 기 심
若爲善逝力所加면　　**當得法寶入其心**하야

제 지 무 구 차 제 만　　　　역 구 여 래 십 종 력
諸地無垢次第滿하며　　**亦具如來十種力**이라

만약 선서善逝의 신력으로 가피하시면
법보法寶가 마땅히 그 마음에 들어가고
모든 지위 청정행을 차례로 이루며
여래의 열 가지 힘도 또한 구족하리라.

"만약 모든 부처님[善逝]의 위신력으로 가피하시면 마땅히
깨달으신 법의 보배가 모두 그대 금강장보살의 마음에 낱낱
이 다 들어가서 모든 지위의 청정한 행을 차례로 이루며 여래
의 열 가지 힘도 또한 구족하게 되리라."

수 주 해 수 겁 화 중　　　　감 수 차 법 필 득 문
雖住海水劫火中이라도　　**堪受此法必得聞**이어니와

기 유 생 의 불 신 자　　　　영 부 득 문 여 시 의
其有生疑不信者는　　　　**永不得聞如是義**로다

바닷물과 겁화劫火 중에 있게 되어도
이 법을 능히 받아 들을 수 있거니와
의심 내고 믿지 않는 그런 이들은
영원히 이런 이치 듣지 못하리.

비록 깊은 바닷물에 빠지고 활활 타는 불구덩이에 들어가는 크나큰 고통과 어려움을 겪으며 살더라도 능히 이 법문을 받아들이는 마음만 있다면 반드시 듣고 환희하게 될 것이다. 그러나 설사 건강하고 편안한 환경에 있다 하더라도 이 화엄경의 가르침과 십지의 이치를 의심하여 믿지 않는다면 영원히 이와 같은 화엄경의 이치를 듣지 못할 것이다.

응 설 제 지 승 지 도
應說諸地勝智道와

입 주 전 전 차 수 습
入住展轉次修習과

종 행 경 계 법 지 생
從行境界法智生이니

이 익 일 체 중 생 고
利益一切衆生故니라

모든 지위의 수승한 지혜의 길에
들어가서 머물고 순서대로 닦는 법과
행行의 경계에서 법의 지혜 생김을 설하라.
일체 중생을 이익하게 하기 위함이니라.

거듭거듭 권한다. "십지라는 지위의 수승한 지혜의 길에 들어가고, 머물고, 순서에 따라 점차적으로 닦아 익히는 법

과, 수행의 경계에서 법의 지혜가 발생하는 이치를 낱낱이
설하라. 이것은 모두 일체 중생을 이익하게 하기 위한 것이
니라."

이와 같이 해탈월보살이 세 번이나 거듭 법을 청하고, 법
회에 모인 보살 대중이 또다시 청하고, 시방의 부처님이 광
명을 놓아 광명구름대를 만들어서 그 광명구름대가 또다시
법을 청하는 청법請法의 예를 다 마쳤다. 법을 청하는 다른
경우와 비교하면 특별한 예를 표하였다. 법이 중하므로 법
을 청하는 예가 여법하고, 법을 청하는 예가 여법하므로 법
이 더욱 중함을 알 수 있다.

4) 금강장보살이 설법할 것을 허락하다

(1) 의미가 광대하다

이 시　　금 강 장 보 살　　관 찰 시 방　　　욕 령 대 중
爾時에 **金剛藏菩薩**이 **觀察十方**하고 **欲令大衆**

　증 정 신 고　　이 설 송 왈
으로 **增淨信故**로 **而說頌曰**

그때에 금강장보살이 시방을 관찰하고 대중에게 청정한 믿음을 더하게 하려고 게송으로 말하였습니다.

여래 대 선 도
如來大仙道가

미 묘 난 가 지
微妙難可知라

비 염 이 제 념
非念離諸念하니

구 견 불 가 득
求見不可得이로다

여래이신 큰 신선의 도道가
미묘하여 알 수 없음이라
생각할 것 아니라 생각을 떠났으니
보려고 해도 볼 수가 없도다.

금강장보살이 해탈월보살과 보살 대중과 광명구름대의 청법請法을 받고 비로소 십지법문 설할 것을 허락하는 게송이다. 내용이 광대하고 설법이 광대하다는 것을 설하면서 여래는 알기 어렵고 보기 어렵다고 하였다. 큰 신선이신 여래의 도는 미묘하여 알기 어렵고 보기 어렵다. 그것은 생각과 관념을 떠났기 때문이다. 생각과 관념을 떠난 법신 부처

님의 경지는 생각으로 알 수 없고 관념으로 볼 수 없는 경지
이다.

무 생 역 무 멸
無生亦無滅하며

성 정 항 적 연
性淨恒寂然하니

이 구 총 혜 인
離垢聰慧人의

피 지 소 행 처
彼智所行處로다

나는 것도 아니고 멸하지도 않아
성품이 청정하여 항상 고요해
때가 없는 총명한 사람이라야
그 지혜로 행할 바의 곳이로다.

여래의 도란 법신의 경지다. 법신의 경지를 알기 어렵고
보기 어려운 것은 생멸이 없으며 그 성품은 텅 비고 청정하여
고요하기 때문이다. "때가 없는 총명한 사람이라야 그 지혜
로 행할 바의 곳이로다."라고 한 것은 "증득한 지혜라야 알
수 있고 그 여타의 경계가 아니다[證智所知非餘境]."라는 법성게
의 내용 그대로다.

자 성 본 공 적
自性本空寂하야

무 이 역 무 진
無二亦無盡이라

해 탈 어 제 취
解脫於諸趣하야

열 반 평 등 주
涅槃平等住로다

자성은 본디부터 공적空寂하여서

둘도 없고 다하지도 아니하나니

여러 갈래에서 벗어났으며

열반과 평등하게 머물렀도다.

여래인 진여자성은 그 근본이 본래로 공적하여 상대적인
두 가지가 있을 수 없다. 그러면서 끝도 없고 다함도 없다.
눈이나 귀나 코나 혀로 알 수 있는 여섯 갈래의 세계에서 멀
리 벗어났다. 그래서 공적한 입장으로는 열반과 평등하다.

비 초 비 중 후
非初非中後며

비 언 사 소 설
非言辭所說이라

출 과 어 삼 세
出過於三世하야

기 상 여 허 공
其相如虛空이로다

처음이나 중간도, 끝도 아니며
말로써는 설명할 수 없나니
과거 미래 현재를 초월했기에
그 모양이 허공과 똑같도다.

또 여래인 진여자성은 처음도 중간도 끝도 없다. 또 과
거 미래 현재라는 시간을 초월하였다. 그러므로 말로써 설
명할 수 없는 경지이다. 그 모습을 굳이 비유하자면 허공과
같다.

적 멸 불 소 행
寂滅佛所行이라

언 설 막 능 급
言說莫能及이니

지 행 역 여 시
地行亦如是하야

난 설 난 가 수
難說難可受로다

적멸은 부처님의 행하신 바라
말로는 무어라고 할 수 없나니
십지十地의 여러 행도 그와 같아서
말할 수도 느낄 수도 없는 일이로다.

십지법문은 곧 부처님의 경지이며, 부처님 그 자체이며, 부처님의 행하신 바이며, 적멸의 경지이다. 언어로써 설명이 불가능한 자리다. 또 느낌으로 받아들일 수도 없는 경지이다. 즉 오온의 자아로는 헤아릴 수 없는 절대적 참나의 경지이다.

지 기 불 경 계
智起佛境界는

비 염 이 심 도
非念離心道며

비 온 계 처 문
非蘊界處門이니

지 지 의 불 급
智知意不及이로다

지혜로 일으키는 부처님 경계는
생각도 아니고 마음도 떠났으며
오온과 십팔계와 십이처의 문이 아니니
지혜로나 아는 것 의식은 못 미치도다.

진정한 부처님의 경지는 깨달음의 지혜 그 자체이기 때문에 생각이나 마음이라는 의식으로는 가까이할 수 없다. 사량분별의 경계가 아니다. 오온과 십팔계와 십이처의 문이 아니다. 즉 오온의 자아와 관념과 생각과 의식은 미치지 못하는 지혜의 경지이다.

여 공 중 조 적
如空中鳥跡을

난 설 난 가 시
難說難可示하야

여 시 십 지 의
如是十地義를

심 의 불 능 료
心意不能了로다

허공을 날아가는 새의 발자국을
말할 수도 보일 수도 없는 것이니
십지의 깊은 이치 그와 같아서
마음과 뜻으로는 알지 못하도다.

예컨대 허공을 날아가는 새의 발자국은 설명할 수도 없고 자취를 보일 수도 없다. 십지법문의 깊고 깊은 이치도 그와 같아서 마음과 뜻과 사량분별로는 알 수 없다. 새가 저면 시베리아에서 한국까지 날아오지만 자취도 없고 흔적도 없다. 흔적이 없지만 분명히 그 먼 거리를 지나온 것은 사실이다. 십지의 수행이나 52위의 보살수행 점차도 그와 같다.

흔적은 없지만 분명히 거쳐 가야 하는 길이다. 이와 같이 흔적이 없는 수행이므로 오온의 자아에 집착한 중생에게는 이해가 되지 않는다.

(2) 설법說法이 광대하다

자 비 급 원 력
慈悲及願力으로

출 생 입 지 행
出生入地行하야

차 제 원 만 심
次第圓滿心은

지 행 비 여 경
智行非慮境이라

자비와 원력으로
지위에 들어가는 행行을 내시어
차례차례 원만하게 하는 마음은
지혜로 행하고 생각의 경계가 아니로다.

금강장보살이 십지법문 설할 것을 허락하면서 그 의미가 광대함을 밝히고 설법이 또한 광대함을 밝혔다. 다시 말해서 십지법문은 뜻도 깊고 광대하며 그 뜻의 격에 따라 설법도 광대하다는 것이다. 십지법문은 화엄경의 핵심이 되며 경문의 양도 6권이나 된다. 뛰어난 자비와 원력으로 십지의 지위에 들어가는 행行을 낱낱이 밝히고, 지위의 낱낱 차례를 따라 수행력이 원만하게 되는 마음은 오직 깨달음의 지혜로 행하는 것이다. 의식과 사량과 관념과 분별로는 이르러 갈 수 있는 경계가 아니다.

시 경 계 난 견
是境界難見이니

가 지 불 가 설
可知不可說이로다

불 력 고 개 연
佛力故開演호리니

여 등 응 경 수
汝等應敬受어다

이 경계는 보기 어려워
알기는 하나 말할 수는 없네.
부처님의 힘인 까닭에 열어서 설명하리니
그대들 응당히 공경하여 받을지어다.

십지의 경계는 참으로 보기 어렵다. 설사 알 수는 있다 하더라도 언어로 설명할 수는 없다. 오로지 부처님의 능력으로만 연설할 수 있는 것이다. 내가 부처님의 가피하신 힘

을 빌려 설할 것이니 그대들은 응당히 공경스러운 마음으로
잘 받아들이도록 하라.

여 시 지 입 행
如是智入行은

억 겁 설 부 진
億劫說不盡이니

아 금 단 약 설
我今但略說이나

진 실 의 무 여
眞實義無餘니라

이와 같은 지혜로 들어가는 행은
억겁 동안 말해도 다할 수 없는데
내 지금 간략하게 연설하여서
진실한 뜻 남음이 없게 하리라.

비록 설한다고는 하지만 오직 깨달음의 지혜로만 가능
한 이 일은 실로 무수 억겁을 설한다 하더라도 다 설할 수
없다. 그것을 지금 내가 간략히 조금만 설하여 그 진실한 뜻
이 남음이 없도록 하리라.

일 심 공 경 대
一心恭敬待하라

아 승 불 력 설
我承佛力說호대

승 법 미 묘 음
勝法微妙音과

비 유 자 상 응
譬喩字相應이니라

일심으로 공경히 기다리라.

부처님 힘 받들어 말하오리다.

훌륭한 십지법문의 미묘한 소리와

비유와 문자가 서로 잘 맞으리라.

팔만장경 중에서도 가장 중요한 십지법문을 설하면서 간곡히 당부한다. "일심으로 공경히 기다리라. 내가 부처님의 힘을 받들어 설하리다."라고 하였다. 또 "법문과 법문을 설하는 소리와 비유와 문자가 혼연일체가 되어 법을 드날릴 것이다."라고 하였다.

무 량 불 신 력
無量佛神力이

함 래 입 아 신
咸來入我身하니

차 처 난 선 시
此處難宣示나

아 금 설 소 분
我今說少分호리라

한량없는 부처님의 신통한 힘이
모두 다 나의 몸에 들어왔으니
이런 것을 설명하기 어렵지마는
내 이제 조금만 설해 보리라.

십지법문 설할 것을 허락하면서 아름다운 게송을 길게
읊고는 마지막으로 이와 같이 결론 맺었다. "한량없는 부처
님의 신통한 힘이 모두 다 나의 몸에 들어왔으니 이와 같은
십지법문 실로 설명하기 어렵지만 내가 이제 조금만 설해 볼
것입니다."

여기까지가 십지법문의 서론이다. 이제 비로소 십지법문
의 본론인 정종분正宗分에 들어간다.

1. 제1 환희지歡喜地를 설하다

1) 어떤 근본[體]에 의지하는가

불자   약유중생   심종선근   선수제행
佛子야 **若有衆生**이 **深種善根**하면 **善修諸行**하며

선집조도   선공양제불   선집백정법   위
善集助道하며 **善供養諸佛**하며 **善集白淨法**하며 **爲**

선지식선섭   선청정심심   입광대지   생
善知識善攝하며 **善淸淨深心**하며 **立廣大志**하며 **生**

광대해   자비현전
廣大解하며 **慈悲現前**하나니라

"불자여, 만약 어떤 중생이 선근을 깊이 심으면 모든 행行을 잘 닦으며, 도道를 돕는 법을 잘 모으며, 모든 부

처님께 잘 공양하며, 청정한 법[白淨法]을 잘 쌓으며, 선
지식의 잘 거두어 주심이 되며, 깊은 마음을 청정하게
하며, 광대한 뜻을 세우며, 광대한 지혜[解]를 내며, 자
비가 앞에 나타나느니라."

비로소 십지법문의 본론인 정종분에 들어왔다. 본론이란
십지+地의 법을 하나하나 자세히 설명하는 것을 말한다. 제
1은 환희지이다. 청량스님은 소에서 "먼저 환희지의 법에 머
무는 것을 나타내는 40개의 구절을 설하였다. 처음 열 구절
은 어떤 근본[體]에 의지하는가, 두 번째 열 구절은 무슨 뜻
을 위한 것인가, 세 번째 열 구절은 무슨 인연으로 하는가,
네 번째 열 구절은 어떤 모양이 있는가"[6)]라고 분류하였다.
경문 첫 구절의 '선근을 깊이 심는 것[深種善根]'이 곧 의지할 바
의 근본[體]이 된다. 선근을 깊이 심으면 모든 행을 잘 닦고,
도를 돕는 법을 잘 모으고, 모든 부처님께 잘 공양하는 등의
법이 성취되므로 그것을 환희지가 의지할 바의 근본[體]이라
고 본 것이다.

---

6) (一)別顯住法中四十句分四 : 〈一〉十依何身, 〈二〉十為何義, 〈三〉有
    十句以何因, 〈四〉有十句有何相.

2) 무슨 뜻을 위한 것인가

위구불지고 　　위득십력고 　　위득대무외고
爲求佛智故며 爲得十力故며 爲得大無畏故며

위득불평등법고 　　위구일체세간고 　　위정대
爲得佛平等法故며 爲救一切世間故며 爲淨大

자비고 　　위득십력무여지고 　　위정일체불찰
慈悲故며 爲得十力無餘智故며 爲淨一切佛刹하야

무장애고 　위일념 　지일체삼세고 　위전대법
無障礙故며 爲一念에 知一切三世故며 爲轉大法

륜 　　무소외고
輪하야 無所畏故라

"부처님의 지혜를 구하기 위함이며, 열 가지의 힘을
얻으려 함이며, 크게 두려움 없음을 얻으려 함이며, 부
처님의 평등한 법을 얻으려 함이며, 일체 세간을 구호
하려 함이며, 큰 자비를 청정히 하려 함이며, 열 가지
힘과 남음이 없는 지혜를 얻으려 함이며, 모든 부처님
의 세계를 청정히 하여 장애가 없게 하려 함이며, 잠깐
동안에 일체 삼세를 알고자 함이며, 큰 법륜을 굴려 두
려움을 없게 하려는 까닭이니라."

환희지 법문은 무슨 뜻을 위한 것인가? 곧 불과佛果를 구하기 위한 것이다. "부처님의 지혜를 구하기 위함"이라는 말속에 부처님의 결과[佛果]를 구하기 위한 내용이 다 포함되어 있다. 부처님의 지혜를 아홉 가지로 표현하여 불과를 밝힌다. 역불지力佛智, 무외불지無畏佛智, 평등불지平等佛智, 구불지救佛智, 정불지淨佛智, 무여지불지無餘智佛智, 무염불지無染佛智, 각불지覺佛智, 전법륜불지轉法輪佛智 등이다. 경문의 내용이 모두 이 아홉 가지 지혜에 해당한다.

3) 무슨 인연으로 하는가

불자　보살　기여시심　이대비위수　지
佛子야 菩薩이 起如是心은 以大悲爲首하야 智

혜증상　선교방편소섭　최상심심소지　여
慧增上이며 善巧方便所攝이며 最上深心所持며 如

래력무량　선관찰분별　용맹력　지력　무
來力無量이며 善觀察分別과 勇猛力과 智力과 無

^{애 지} ^{현 전} ^{수 순 자 연 지} ^{능 수 일 체 불 법}
礙智가 **現前**이며 **隨順自然智**하며 **能受一切佛法**하야

^{이 지 혜 교 화} ^{광 대 여 법 계} ^{구 경 여 허 공}
以智慧敎化하며 **廣大如法界**하며 **究竟如虛空**하야

^{진 미 래 제}
盡未來際니라

"불자여, 보살이 이와 같은 마음을 일으키는 것은 큰 자비심으로 머리를 삼아 지혜가 늘고, 공교한 방편에 포섭되고, 가장 훌륭한 깊은 마음으로 유지되며, 여래의 힘이 한량없으며, 잘 관찰하고 분별하며, 용맹한 힘과 지혜의 힘으로 걸림 없는 지혜가 앞에 나타나고, 자연의 지혜를 따라 순종하며, 일체 불법을 받아들여 지혜로써 교화하나니, 광대하기가 법계와 같고 끝없기가 허공과 같아서 오는 세월의 끝까지 다하느니라."

무슨 인연으로 이와 같은 마음을 일으키는가? 즉 무슨 인연으로 큰 깨달음을 구하는가? 이를테면 큰 자비로 중생을 교화하기 위한 것이다. 큰 자비심으로 중생을 교화하려면 경문에서 밝힌 법이 있어야 하기 때문에 그렇게 설한 것이다.

4) 어떤 모양이 있는가

불자　보살　시발여시심　　즉득초범부지
佛子야 菩薩이 始發如是心하면 即得超凡夫地

입보살위　　생여래가　　무능설기종족과
하야 入菩薩位하며 生如來家하며 無能說其種族過

실　　이세간취　　입출세도　　득보살법　　주
失하며 離世間趣하야 入出世道하며 得菩薩法하며 住

보살처　　입삼세평등　　어여래종중　결정당
菩薩處하며 入三世平等하며 於如來種中에 決定當

득무상보리　　보살　주여시법　명주보살환
得無上菩提니라 菩薩이 住如是法이 名住菩薩歡

희지　　이부동상응고
喜地니 以不動相應故니라

"불자여, 보살이 처음 이런 마음을 내고는 곧 범부의
처지를 뛰어나 보살의 지위에 들어가서 여래의 집에 태
어나나니, 그 가문의 허물을 말할 이가 없으며, 세간의
모든 갈래를 떠나서 출세간의 도에 들어가며, 보살의
법을 얻고 보살의 자리에 머물며, 삼세가 평등한 데 들
어가 여래의 종성種性에서 결정코 위없는 보리를 얻느니

라. 보살이 이와 같은 법에 머물면 보살의 환희지歡喜地에 머물렀다 하나니, 동動하지 않는 법과 서로 응하는 연고이니라."

첫 환희지에 머물면 어떤 모양이 있는가를 밝혔다. "보살이 처음 이런 마음을 내고는 곧 범부의 처지를 뛰어나 보살의 지위에 들어가서 여래의 집에 태어난다."는 것으로 환희지의 성격과 모양을 모두 드러냈다. 다음의 글은 그 내용을 부연한 것이다.

5) 환희하는 모양을 밝히다

佛子야 菩薩이 住歡喜地에 成就多歡喜와 多淨信과 多愛樂과 多適悅과 多欣慶과 多踊躍과 多勇猛과 多無鬪諍과 多無惱害와 多無瞋恨이니라

"불자여, 보살이 환희지에 머물면 여러 가지 환희와 여러 가지 청정한 신심과 여러 가지 즐거움과 여러 가지 희열과 여러 가지 기쁨과 여러 가지 뛰놂과 여러 가지 용맹과 여러 가지 투쟁이 없음과 여러 가지 시끄러움이 없음과 여러 가지 성내지 않음을 성취하느니라."

보살이 환희지에 머물고 환희하는 열 가지 모양을 밝혔다. 일체가 환희의 다른 모습들이다. 환희하는 사람에게 무슨 투쟁이 있을 것이며, 무슨 시끄러움이 있을 것이며, 무슨 성냄이 있겠는가. 오로지 기쁨만 넘쳐날 뿐이다.

6) 환희하는 까닭을 밝히다

불자   보살   주차환희지   염제불고   생환
佛子야 **菩薩**이 **住此歡喜地**에 **念諸佛故**로 **生歡**

희   염제불법고   생환희   염제보살고   생
喜하며 **念諸佛法故**로 **生歡喜**하며 **念諸菩薩故**로 **生**

환희   염제보살행고   생환희   염청정제
歡喜하며 **念諸菩薩行故**로 **生歡喜**하며 **念淸淨諸**

바라밀고   생환희
波羅蜜故로 **生歡喜**하며

"불자여, 보살이 이 환희지에 머물고는 모든 부처님을 생각하므로 환희하고, 모든 부처님의 법을 생각하므로 환회하고, 모든 보살을 생각하므로 환회하고, 모든 보살의 행行을 생각하므로 환회하고, 청정한 모든 바라밀다를 생각하므로 환회하느니라."

십주와 십행과 십회향이라는 삼현三賢의 지위를 지나서 다시 십지위 중 환회지에 오른 보살이 무엇을 생각하며 살 것인가를 다시 생각해 보자. 오로지 부처님을 생각하고, 부처님의 법을 생각하고, 보살들과 보살의 행과 청정한 일체 바라밀을 생각할 것이다. 그러므로 매일매일 기쁨이 넘쳐날 것이다.

염제보살지수승고　생환희　　염보살불가
念諸菩薩地殊勝故로 生歡喜하며 念菩薩不可

괴고　생환희　　염여래교화중생고　생환희
壞故로 生歡喜하며 念如來教化衆生故로 生歡喜

　　염능령중생　　득이익고　생환희　　염입
하며 念能令衆生으로 得利益故로 生歡喜하며 念入

일체여래지방편고　생환희
一切如來智方便故로 生歡喜니라

"모든 보살의 지위가 수승함을 생각하므로 환희하
고, 보살의 깨뜨릴 수 없음을 생각하므로 환희하고, 여
래의 중생 교화함을 생각하므로 환희하고, 능히 중생에
게 이익을 얻게 함을 생각하므로 환희하고, 일체 여래
의 지혜와 방편에 들어감을 생각하므로 환희하느니라."

부 작 시 념　　아 전 이 일 체 세 간 경 계 고　　생 환
復作是念호대 我轉離一切世間境界故로 生歡

희　　친근일체불고　생환희　　원리범부지
喜하며 親近一切佛故로 生歡喜하며 遠離凡夫地

고 　生歡喜하며 　근지혜지고 　生歡喜하며 　영단일
故로 生歡喜하며 近智慧地故로 生歡喜하며 永斷一

체악취고 　생환희
切惡趣故로 生歡喜하며

"또 이렇게 생각하나니, 내가 모든 세간의 경계를 점점 여의므로 환희하고, 일체 부처님을 친근하므로 환희하고, 범부의 처지를 멀리 여의었으므로 환희하고, 지혜의 자리에 가까워지므로 환희하고, 모든 나쁜 갈래를 아주 끊었으므로 환희하느니라."

여일체중생 　작의지처고 　생환희 　견
與一切衆生으로 作依止處故로 生歡喜하며 見

일체여래고 　생환희 　생불경계중고 　생환
一切如來故로 生歡喜하며 生佛境界中故로 生歡

희 　입일체보살평등성중고 　생환희 　원리
喜하며 入一切菩薩平等性中故로 生歡喜하며 遠離

일체포외모수등사고 　생환희
一切怖畏毛竪等事故로 生歡喜니라

"일체 중생의 의지할 곳이 되므로 환희하고, 일체 여

래를 친견하므로 환희하고, 부처님의 경계에 태어났으므로 환희하고, 일체 보살의 평등한 성품에 들어갔으므로 환희하고, 온갖 무섭고 털이 곤두서는 일을 멀리 여의었으므로 환희하느니라."

보살이 환희지에 머물고 환희하는 까닭을 스무 가지로 설명하였다. 설사 환희지에 오른 보살이 아니라 하더라도 불법에 신심이 깊은 보살이라면 위에서 밝힌 한 구절 한 구절과 한 가지 한 가지가 모두 기쁨으로 충만한 일들이다. 화엄경을 천착하며 공부하는 즐거움이 곧 이와 같다. 한 글자 한 구절이 모두 환희로 충만하다.

7) 환희지를 얻고 두려움을 멀리 떠나다

何以故오 此菩薩이 得歡喜地已에 所有怖畏를

悉得遠離하나니 所謂不活畏와 惡名畏와 死畏와 惡

도외　대중위덕외　여시포외　개득영리
道畏와 大衆威德畏니 如是怖畏를 皆得永離니라

"무슨 까닭인가. 이 보살이 환희지를 얻고는 온갖 공포를 모두 멀리 떠나느니라. 이른바 살아갈 수 없음에 대한 공포, 나쁜 이름을 들을 공포, 죽을 공포, 나쁜 갈래에 떨어질 공포, 대중의 위덕威德을 무서워하고 두려워하는 공포이니라. 이와 같은 공포를 영원히 다 멀리 떠나느니라."

사람이 느끼는 공포 다섯 가지를 들었다. 이것은 환희지에 대한 장애다. 공포가 있으면 환희할 수 없기 때문이다. 환희지를 얻으면 으레 장애를 떠나고 환희한다. 이와 같은 공포를 떠나는 것이 환희지의 이익이다.

8) 두려움을 떠나는 까닭

하 이 고　차 보 살　이 아 상 고　상 불 애 자 신
何以故오 此菩薩이 離我想故로 尙不愛自身이어든

하 황 자 재　　시 고　　무 유 불 활 외
何況資財아 **是故**로 **無有不活畏**하며

"왜냐하면 이 보살이 '나'란 생각을 떠났으므로 오
히려 내 몸도 아끼지 않거든 어찌 하물며 재물이겠는
가. 그러므로 살지 못할까 하는 공포가 없느니라."

　사람이 두려움을 느끼는 제일의 조건은 살 수 없을 것에
대한 것이다. 살아 있는 모든 생명은, 사람뿐만 아니라 무엇
이든 죽음에 대해서 공포를 느낀다. 이 환희지 보살은 '나'라
는 생각을 떠났다. 즉 무아無我다. 내가 없는데 자신의 몸에
대한 애착이 있겠는가. 자신의 몸에 대한 애착이 없는데 재
물에 대해서야 말해 무엇하랴. 그러므로 살지 못할까에 대
한 두려움이란 있을 수 없다.

불 어 타 소　　희 구 공 양　　　유 전 급 시 일 체 중 생
不於他所에 **希求供養**하고 **唯專給施一切衆生**

　　시 고　　무 유 악 명 외
일새 **是故**로 **無有惡名畏**하며

"다른 이에게 공양을 바라지 않고 오직 일체 중생에게 보시만 하나니, 그러므로 나쁜 이름 들을 공포가 없느니라."

환희지의 보살은 다른 이가 자신에게 공양하기를 바라지 않고 오로지 다른 중생들에게 공양한다. 이와 같이 선행을 하고 공덕만을 닦는데 무슨 나쁜 이름 들을 일이 있겠는가. 칭찬만 자자할 뿐이다.

遠離我見하야 無有我想일새 是故로 無有死畏하며

"'나'란 소견을 멀리 떠나 '나'라는 생각이 없나니, 그러므로 죽음의 공포가 없느니라."

죽음의 공포는 살지 못할까에 대한 공포와 유사하다. '나'에 대한 견해를 떠났고 '나'에 대한 생각이 없는데 무슨 죽음이 있겠는가. 죽음의 공포도 내가 있을 때만 느끼는 두려움이다.

자 지 사 이   결 정 불 리 제 불 보 살   시 고   무
自知死已에 **決定不離諸佛菩薩**일새 **是故**로 **無**

유 악 도 외
有惡道畏하며

"자신이 죽은 뒤에 결정코 모든 부처님이나 보살들
을 떠나지 아니할 줄 아나니, 그러므로 나쁜 갈래에 떨
어질 공포가 없느니라."

사람이 죽은 뒤에 부처님을 만나는 것이 틀림없고 보살
들을 만나는 것이 확실하다면 악도에 떨어질 것에 대한 공
포가 있을 수 없다. 오히려 하루라도 빨리 이 생을 떠나고
싶을 것이다.

아 소 지 락   일 체 세 간   무 여 등 자   하 황 유
我所志樂을 **一切世間**이 **無與等者**어든 **何況有**

승   시 고   무 유 대 중 위 덕 외   보 살   여 시 원 리
勝가 **是故**로 **無有大衆威德畏**니 **菩薩**이 **如是遠離**

경 포 모 수 등 사
驚怖毛竪等事니라

"내가 좋아하는 것은 일체 세간에서 동등할 이도 없거늘 어찌 하물며 나보다 수승할 이가 있겠는가. 그러므로 대중의 위력을 두려워할 것이 없느니라. 보살은 이와 같이 공포와 털이 곤두서는 일을 멀리 떠나느니라."

자신이 좋아하고 즐기는 것이 세상에서 가장 뛰어난 성인의 경지라면 그 누구를 두려워하겠는가. 아무리 훌륭한 위덕을 가진 이라 하더라도 결코 그를 두려워하지 않을 것이다. 환희지에 이른 보살은 그 어떤 두려운 일도 모두 멀리 떠났다.

9) 3종 선근 성취의 31법

(1) 10구, 신심을 성취하다

불자   차 보 살   이대비위수   광대지락   무
佛子야 此菩薩이 以大悲爲首하야 廣大志樂을 無

능 저 괴   전 갱 근 수 일 체 선 근   이 득 성 취
能沮壞하며 轉更勤修一切善根하야 而得成就하나니

"불자여, 이 보살의 대비大悲로 으뜸을 삼는 광대한 뜻을 저해할 이가 없고, 점점 부지런히 모든 선근을 닦아서 성취하느니라."

보살의 환희지에서 신심 성취와 수행 성취와 회향 성취의 3종 선근 성취의 31법을 밝힌다. 보살의 대비로 으뜸을 삼는 광대한 뜻은 그 누구도 저해할 이가 없다. 부지런히 모든 선근을 닦아서 성취하기 때문이다. 그러므로 3종 선근 성취라고 하였다.

소위 신 증 상 고   다 정 신 고   해 청 정 고   신 결
所謂信增上故며 **多淨信故**며 **解淸淨故**며 **信決**

정 고   발 생 비 민 고   성 취 대 자 고   심 무 피 해 고
定故며 **發生悲愍故**며 **成就大慈故**며 **心無疲懈故**며

참 괴 장 엄 고   성 취 유 화 고   경 순 존 중 제 불 교
慚愧莊嚴故며 **成就柔和故**며 **敬順尊重諸佛教**

법 고
法故니라

"이른바 신심이 느는 연고며, 청정한 신심이 많아지는 연고며, 지혜가 청정한 연고며, 믿음이 결정한 연고며, 가엾이 여기는 생각을 내는 연고며, 크고 인자함을 성취하는 연고며, 고달픈 마음이 없는 연고며, 부끄러움으로 장엄하는 연고며, 유순하고 화순함을 성취하는 연고며, 모든 부처님이 가르치신 법을 공경하고 존중하는 연고이니라."

　이 열 구절은 신심을 성취하는 내용이다.

　(2) 9구, 수행을 성취하다

일 야 수 습 선 근　　무 염 족 고　　친 근 선 지 식 고
日夜修習善根호대 **無厭足故**며 **親近善知識故**며

상 애 락 법 고　　구 다 문 무 염 족 고　　여 소 문 법 정 관
常愛樂法故며 **求多聞無厭足故**며 **如所聞法正觀**

찰 고　　심 무 의 착 고　　불 탐 착 이 양 명 문 공 경 고
察故며 **心無依着故**며 **不耽着利養名聞恭敬故**며

불 구 일 체 자 생 지 물 고　　생 여 보 심　　무 염 족 고
不求一切資生之物故며 **生如寶心**호대 **無厭足故**니라

"밤낮으로 선근을 닦아 만족함이 없는 연고며, 선지식을 친근하는 연고며, 항상 법을 사랑하는 연고며, 많이 알기를 구하여 만족을 모르는 연고며, 들은 법대로 바르게 관찰하는 연고며, 마음에 의지하여 집착함이 없는 연고며, 이양이나 명예나 공경받기를 탐하지 않는 연고며, 온갖 살아갈 물품을 구하지 않는 연고며, 보물 같은 마음을 내어 싫어함이 없는 연고이니라."

위의 아홉 구절은 보살 수행을 성취하는 내용이다.

(3) 12구, 회향을 성취하다

구 일 체 지 지 고   구 여 래 력 무 외 불 공 불 법 고
求一切智地故며 **求如來力無畏不共佛法故**며

구 제 바 라 밀 조 도 법 고   이 제 첨 광 고   여 설 능
求諸波羅蜜助道法故며 **離諸諂誑故**며 **如說能**

행 고   상 호 실 어 고   불 오 여 래 가 고
行故며 **常護實語故**며 **不汚如來家故**며

"온갖 지혜의 지地를 구하는 연고며, 여래의 힘과 두려움 없음과 함께하지 않는 불법佛法을 구하는 연고며,

모든 바라밀과 도를 돕는 법을 구하는 연고며, 모든 아첨과 속임을 여의는 연고며, 말한 대로 행하는 연고며, 진실한 말을 항상 두호하는 연고며, 여래의 가문을 더럽히지 않는 연고이니라."

불사보살계고   생일체지심   여산왕부동
不捨菩薩戒故며 生一切智心하야 如山王不動

고   불사일체세간사   성취출세간도고   집
故며 不捨一切世間事하고 成就出世間道故며 集

조보리분법   무염족고   상구상상수승도고
助菩提分法호대 無厭足故며 常求上上殊勝道故니라

"보살의 계율을 버리지 않는 연고며, 온갖 지혜의 마음을 내어 산과 같이 동하지 않는 연고며, 일체 세간의 일을 버리지 않고 출세간의 도道를 성취하는 연고며, 보리菩提를 돕는 부분법을 모으되 만족함이 없는 연고며, 높고 높은 수승한 도를 항상 구하는 연고이니라."

위의 열두 구절은 보리에 회향함을 성취하는 내용이다.

불자　보살　성취여시정치지법　명위안주
佛子야 菩薩이 成就如是淨治地法이 名爲安住

보살환희지
菩薩歡喜地니라

"불자여, 보살이 이와 같이 십지의 법을 깨끗이 다
스림을 성취하는 것을 보살의 환희지에 편안히 머문다
고 이름하느니라."

신심을 성취하고, 수행을 성취하고, 회향을 성취하여 십
지의 법을 깨끗이 다스림을 성취하게 된 것이다. 이것을 이
름하여 '보살의 환희지에 편안히 머문다[安住菩薩歡喜地].'고
한다.

10) 환희지에 머무는 십대서원+大誓願

(1) 모든 부처님께 공양하기를 발원하다

불자　보살　주차환희지　　능성취여시대
佛子야 菩薩이 住此歡喜地하야 能成就如是大

서원 여시대용맹 여시대작용
誓願과 **如是大勇猛**과 **如是大作用**하나니

"불자여, 보살이 이 환희지에 머물고는 이와 같은 큰 서원과 이와 같은 큰 용맹과 이와 같은 큰 작용을 능히 성취하느니라."

보살이 환희지에 머물면 큰 서원을 성취한다. 또 큰 용맹과 큰 작용을 성취한다. 먼저 열 가지 서원을 밝혔다.

소위생광대청정결정해 이일체공양지구
所謂生廣大淸淨決定解하야 **以一切供養之具**

공경공양일체제불 영무유여 광대여법
로 **恭敬供養一切諸佛**하야 **令無有餘**호대 **廣大如法**

계 구경여허공 진미래제 일체겁수
界하며 **究竟如虛空**하며 **盡未來際**하야 **一切劫數**에

무유휴식
無有休息이니라

"이른바 광대하고 청정하고 분명한[決定] 지혜[解]를 내어 일체 공양거리로써 일체 모든 부처님께 공경하고

공양하여 남음이 없게 하는 것이니라. 광대하기가 법계와 같고 끝없기가 허공과 같아서 오는 세월이 끝나도록 모든 겁 동안에 쉬지 아니하느니라."

보살이 환희지에 머물고 큰 서원을 성취하는데 먼저 모든 부처님께 공양하기를 발원한다. 이것은 보현보살의 십대행원 중 널리 공양을 닦는다는 광수공양원廣修供養願에 해당한다. 온갖 공양거리로써 일체 모든 부처님께 빠짐없이 공양 올린다. 광대하기는 우주법계와 같고, 끝까지 철저하기는 허공과 같고, 시간적으로는 미래가 다할 때까지 하여 일체 겁에 결코 쉬지 아니한다.

(2) 일체 불법을 수지할 것을 발원하다

우 발 대 원　　　원 수 일 체 불 법 륜　　　원 섭 일 체
又發大願호대 **願受一切佛法輪**하며 **願攝一切**

불 보 리　　　원 호 일 체 제 불 교　　　원 지 일 체 제 불
佛菩提하며 **願護一切諸佛教**하며 **願持一切諸佛**

법　광대여법계　　구경여허공　　진미래제
法을 廣大如法界하며 究竟如虛空하며 盡未來際하야

일체 겁 수　　무유휴식
一切劫數에 無有休息이니라

　"또 큰 원願을 세우기를 '원컨대 일체 부처님의 법륜
法輪을 받아지이다. 일체 부처님의 보리菩提를 거두어지
이다. 일체 부처님의 교법敎法을 보호하여지이다. 일체
부처님의 법을 지니어지이다.'라고 하느니라. 광대하기
가 법계와 같고 끝없기가 허공과 같아 오는 세월이 끝
나도록 모든 겁 동안에 쉬지 아니하느니라."

　다음은 일체 불법을 수지할 것을 발원한다. 이것은 보현
보살의 십대행원 중 항상 부처님을 따라 배운다는 상수불
학원常隨佛學願에 해당한다. '일체 부처님의 법륜法輪을 받아지
이다. 일체 부처님의 보리菩提를 거두어지이다. 일체 부처님
의 교법敎法을 보호하여지이다. 일체 부처님의 법을 지니어지
이다.'라고 서원하여 광대하기가 법계와 같고 끝없기가 허
공과 같아 오는 세월이 끝나도록 모든 겁 동안에 쉬지 아니
한다.

(3) 법륜 굴리기를 발원하다

우발대원   원일체세계   불흥어세   종도
又發大願호대 願一切世界에 佛興於世하사 從兜

솔천궁몰   입태   주태   초생   출가
率天宮歿하야 入胎하며 住胎하며 初生하며 出家하며

성도   설법   시현열반   개실왕예   친
成道하며 說法하며 示現涅槃이어시든 皆悉往詣하야 親

근공양   위중상수   수행정법   어일체처
近供養하며 爲衆上首하야 受行正法하고 於一切處에

일시이전   광대여법계   구경여허공   진
一時而轉호대 廣大如法界하며 究竟如虛空하며 盡

미래제   일체겁수   무유휴식
未來際하야 一切劫數에 無有休息이니라

"또 큰 원을 세우기를 '원컨대 일체 세계에서 부처
님이 세상에 나실 적에 도솔천궁에서 없어져서 모태母胎
에 들고, 태에 머물고, 탄생하고, 출가하고, 성도成道하
고, 설법하고, 열반하시는 것을 나타내 보이거든 내가
다 나아가서 친근하고 공양하며, 대중의 상수가 되어
바른 법을 받아 행하며, 모든 곳에서 한꺼번에 법을 연
설하여지이다.'라고 하느니라. 광대하기가 법계와 같고

끝없기가 허공과 같아서 오는 세월이 끝나도록 모든 겁
동안에 쉬지 아니하느니라."

다음은 법륜 굴리기를 발원한다. 이것은 보현보살의 십
대행원 중 법륜 굴리기를 청하는 청전법륜원請轉法輪願에 해당
한다. 부처님께서 일체 세계에 출현하셔서 석가세존이 살아
온 일생과 똑같은 길을 나타내시기를 발원한다. 스스로는
그 부처님의 상수제자가 되어 정법을 받아 행하고, 일체 처
와 일체 시에 다 함께 법륜 굴리기를 발원한다. 광대하기는
법계와 같고 끝없기는 허공과 같아서 오는 세월이 끝나도록
모든 겁 동안에 쉬지 아니한다.

(4) 자리이타自利利他를 발원하다

우 발 대 원　　　원 일 체 보 살 행　　　광 대 무 량
又發大願호대 願一切菩薩行이 廣大無量하야

불 괴 부 잡　　　섭 제 바 라 밀　　　정 치 제 지　　　총 상
不壞不雜하며 攝諸波羅蜜하야 淨治諸地하며 總相

별상   동상이상   성상괴상   소유보살행   개
別相과 同相異相과 成相壞相의 所有菩薩行을 皆

여실설   교화일체   영기수행   심득증장
如實說하야 教化一切하야 令其受行하야 心得增長

　　광대여법계   구경여허공   진미래제
호대 廣大如法界하며 究竟如虛空하며 盡未來際하야

일체겁수   무유휴식
一切劫數에 無有休息이니라

"또 큰 원을 세우기를 '원컨대 일체 보살의 행이 넓고, 크고, 한량없고, 부서지지 않고, 섞이지 않으며, 모든 바라밀다를 거두어서 모든 지위를 청정하게 다스리며, 전체인 모양[總相]과 각각인 모양[別相]과 같은 모양[同相]과 다른 모양[異相]과 이루는 모양[成相]과 무너지는 모양[壞相]으로 온갖 보살의 행을 모두 사실대로 말하여 일체 중생을 교화하여 받아 행하고 마음이 증장케 하여지이다.'라고 하느니라. 광대하기가 법계와 같고 끝없기가 허공과 같아서 오는 세월이 끝나도록 모든 겁 동안에 쉬지 아니하느니라."

열 가지 서원 중에 네 번째는 보살행의 광대한 자리이타

自利利他를 발원하였다. 보살행의 원만함을 설명하면서 소위 육상원융六相圓融을 설하였다. 즉 모든 보살행이 육상이 원융하듯이 원융한 보살행을 사실대로 설하여 일체 중생을 교화하기를 서원하는 내용이다.

육상원융六相圓融은 화엄경에서는 특별한 설명이 없으나 화엄을 교리적으로 해석할 때에 십현연기十玄緣起, 사무애법계四無礙法界와 아울러 중요하게 여기는 내용이다.

예컨대 한 개인을 두고 살펴보면 신체의 사지와 오장육부를 전체적[總相]으로 볼 수도 있으면서 그것을 낱낱이 개별적[別相]으로 볼 수도 있다. 전체적으로 볼 때는 사지와 오장육부를 같은 모양[同相] 즉 동질성으로 보지만, 다른 모양[異相]으로 보면 이질성으로 볼 수도 있다. 사지와 오장육부를 전체적으로 보고 같은 모양으로 보면 몸이 성립[成相]되지만 별개의 것으로 보고 다른 모양으로 보면 무너지고[壞相] 만다. 그러므로 별개의 것으로 보면서 한편 전체가 같은 하나라는 입장으로 보아야 한다.

이 원리는 한 개인에서부터 한 집안, 한 단체, 한 사회, 한 국가, 한 민족, 인류 전체, 우주 전체에 이르기까지 모두 적

용된다. 보살행의 광대한 자리이타, 즉 자신도 이익되고 남도 이익되기를 서원하는 이치가 곧 그것이다. 나와 남이 별개의 것이면서 하나이고, 하나이면서 또한 별개의 것이라는 이치를 깨달아 모두가 원융한 이상사회를 건립하는 것이 보살의 서원이다.

(5) 일체 중생을 성숙시키기를 발원하다

又發大願호대 願一切衆生界의 有色無色과 有
우발대원   원일체중생계   유색무색   유

想無想과 非有想非無想과 卵生胎生濕生化生과
상무상   비유상비무상   난생태생습생화생

三界所繫와 入於六趣와 一切生處와 名色所攝인
삼계소계   입어육취   일체생처   명색소섭

如是等類를 我皆教化하야 令入佛法하며 令永斷
여시등류   아개교화   영입불법   영영단

一切世間趣하고 令安住一切智智道호대 廣大如
일체세간취   영안주일체지지도   광대여

法界하며 究竟如虛空하며 盡未來際하야 一切劫數
법계   구경여허공   진미래제   일체겁수

무 유 휴 식
에 **無有休息**이니라

"또 큰 원을 세우기를 '원컨대 일체 중생계에서 빛깔 있는 것, 빛깔 없는 것, 생각 있는 것, 생각 없는 것, 생각 있지 않은 것, 생각 없지 않은 것, 난생卵生, 태생胎生, 습생濕生, 화생化生들이 삼계에 얽매이고 여섯 갈래에 들어가서 태어나는 온갖 곳에서 이름과 물질[名色]에 소속되나니, 이와 같은 무리들을 내가 모두 교화하여 부처님의 법에 들어가서 일체 세간의 갈래를 영원히 끊고 일체 지혜의 지혜에 편안히 머물게 하여지이다.'라고 하느니라. 광대하기가 법계와 같고 끝없기가 허공과 같아서 오는 세월이 끝나도록 모든 겁 동안에 쉬지 아니하느니라."

환희지에 머무는 열 가지 서원은 모든 부처님께 공양하기를 서원하고 부처님으로부터 법을 받아 지니기를 서원하여 다시 또 법륜 굴리기를 서원하고, 남도 이롭고 나도 이로워 온갖 중생들이 다 성숙하기를 서원하는 것이다. 온갖 중생은 구류九類중생을 들었다.

(6) 일체 세계를 받들어 섬길 것을 발원하다

우발대원 원일체세계 광대무량 추세
又發大願호대 願一切世界의 廣大無量과 麤細와

난주도주정주 약입약행약거 여제망차별
亂住倒住正住와 若入若行若去와 如帝網差別과

시방무량종종부동 지개명료 현전지견
十方無量種種不同을 智皆明了하야 現前知見호대

광대여법계 구경여허공 진미래제 일
廣大如法界하며 究竟如虛空하며 盡未來際하야 一

체겁수 무유휴식
切劫數에 無有休息이니라

"또 큰 원을 세우기를 '원컨대 일체 세계가 넓고, 크고, 한량이 없고, 굵고, 잘고, 어지러이 있고, 거꾸로 있고, 바르게 있고, 들어가고, 다니고, 가는 것이 제석천의 그물처럼 차별하여, 시방에 한량이 없이 갖가지로 같지 않은 것을 지혜로써 분명히 알아 앞에 나타난 듯이 알고 보아지이다.'라고 하느니라. 광대하기가 법계와 같고 끝없기가 허공과 같아 오는 세월이 끝나도록 모든 겁 동안에 쉬지 아니하느니라."

드넓은 우주법계는 참으로 광대무변하다. 우리가 사는 지구에서 동쪽으로 동쪽으로 수십억 광년을 가도 그것이 끝이 아니며, 거기에서 다시 수십억 광년을 가도 역시 그것이 끝이 아니다. 시방의 어느 쪽으로든 마찬가지다. 지구를 위시해서 무수한 별들의 세계가 생긴 모양도 각양각색이다. 제석천의 그물로나 비유를 할까, 무엇으로도 비유할 수 없는 것이 우주법계다. 그 모든 것을 보살은 지혜로써 밝게 보되 눈앞에 나타난 듯이 다 보고 다 안다. 그리고 일일이 다 받들어 섬긴다.

(7) 일체 국토가 청정하기를 발원하다

又發大願호대 願一切國土가 入一國土하고 一國土가 入一切國土하며 無量佛土가 普皆淸淨하며 光明衆具로 以爲莊嚴하며 離一切煩惱하야 成就

淸淨道하며 無量智慧衆生이 充滿其中하며 普入廣

大諸佛境界하며 隨衆生心하야 而爲示現하야 皆令

歡喜호대 廣大如法界하며 究竟如虛空하며 盡未來

際하야 一切劫數에 無有休息이니라

"또 큰 원을 세우기를 '원컨대 일체 국토가 한 국토
에 들어가고 한 국토가 일체 국토에 들어가며, 한량없
는 부처님 국토가 모두 청정하고, 여러 가지 광명으로
장엄하며, 일체 번뇌를 여의고 청정한 도를 성취하며,
한량없는 지혜 있는 중생이 그 가운데 충만하며, 광대한
모든 부처님의 경계에 널리 들어가 중생의 마음을 따라
나타나서 모두 환희케 하여지이다.'라고 하느니라. 광대
하기가 법계와 같고 끝없기가 허공과 같아 오는 세월이
끝나도록 모든 겁 동안에 쉬지 아니하느니라."

하나의 먼지 속에 일체 국토가 다 들어가고, 낱낱 먼지
속에도 다 또한 그와 같이 들어가는 이치를 지니고 있는 것

이 존재의 실상이다. 서로서로가 들어가서 널리 다 청정하고, 광명으로 장엄하고, 일체 번뇌를 떠나서 한량없는 지혜를 갖춘 중생들이 그 가운데 충만하도록 발원한다.

(8) 일체 보살과 늘 함께하기를 발원하다

우 발 대 원　　원 여 일 체 보 살　　동 일 지 행
又發大願호대 願與一切菩薩로 同一志行하며

무 유 원 질　　집 제 선 근　　일 체 보 살　　평 등 일
無有怨嫉하야 集諸善根하며 一切菩薩로 平等一

연　　상 공 집 회　　불 상 사 리　　수 의 능 현 종 종
緣하며 常共集會하야 不相捨離하며 隨意能現種種

불 신　　임 기 자 심　　능 지 일 체 여 래 경 계　　위
佛身하며 任其自心하야 能知一切如來境界와 威

력 지 혜　　득 불 퇴 여 의 신 통　　유 행 일 체 세 계
力智慧하며 得不退如意神通하며 遊行一切世界하며

현 형 일 체 중 회　　보 입 일 체 생 처　　성 취 부 사
現形一切衆會하며 普入一切生處하며 成就不思

의 대 승　　수 보 살 행　　광 대 여 법 계　　구 경 여
議大乘하야 修菩薩行호대 廣大如法界하며 究竟如

허공　　진미래제　　일체겁수　　무유휴식
虛空하며 盡未來際하야 一切劫數에 無有休息이니라

　"또 큰 원을 세우기를 '원컨대 일체 보살과 더불어
뜻과 행이 같으며, 원수와 미운 이가 없어 모든 선근을
모으며, 일체 보살이 평등하게 한 가지로 반연하고, 항
상 함께 모여서 서로 떠나지 않으며, 마음대로 갖가지
부처님의 몸을 나타내며, 자기의 마음대로 능히 일체
여래의 경계와 위력과 지혜를 알며, 물러가지 않고 뜻
대로 되는 신통을 얻어 일체 세계에 다니고, 일체 회중
에 몸을 나타내고, 일체 중생의 나는 곳에 널리 들어가
서 부사의한 대승大乘을 성취하고, 보살의 행을 닦아지
이다.'라고 하느니라. 광대하기가 법계와 같고 끝없기
가 허공과 같아 오는 세월이 끝나도록 모든 겁 동안에
쉬지 아니하느니라."

　세상이 온통 육바라밀과 사섭법과 사무량심과 십선과 인
의예지를 몸으로 실천하며 살아가는 보살들로 가득하기를
바라고 또 바라는 이가 역시 보살들이다. 환희지의 보살이
일체 보살과 늘 함께하기를 발원하는 것이 그것이다. 정치

계나 종교계나 교육계나 예술계나 경제계나 어느 분야든지 모두 보살의 정신으로 자기 일을 경영하는 사람들만 가득하다면 그것은 곧 부처님이 바라고 보살이 바라는 세상일 것이다. 이와 같은 보살행의 행함이 광대하기가 법계와 같고 끝없기가 허공과 같아 오는 세월이 끝나도록 모든 겁 동안에 쉬지 아니하기를 발원한다.

(9) 작은 수행이라도 큰 이익 있기를 발원하다

우 발 대 원   원 승 불 퇴 륜   행 보 살 행   신
又發大願호대 願乘不退輪하고 行菩薩行하야 身

어 의 업   실 부 당 연   약 잠 견 자   즉 필 정 불 법
語意業이 悉不唐捐하며 若暫見者라도 則必定佛法

        잠 문 음 성   즉 득 실 지 혜   재 생 정 신
하고 暫聞音聲이라도 則得實智慧하고 纔生淨信이라도

즉 영 단 번 뇌   득 여 대 약 왕 수 신   득 여 여 의
則永斷煩惱하며 得如大藥王樹身하고 得如如意

보 신   수 행 일 체 보 살 행   광 대 여 법 계   구
寶身하야 修行一切菩薩行호대 廣大如法界하며 究

경여허공　　진미래제　　일체겁수　　무유휴
竟如虛空하며 **盡未來際**하야 **一切劫數**에 **無有休**
식
息이니라

"또 큰 원을 세우기를 '원컨대 물러가지 않는 법륜
法輪에 올라 보살의 행을 행하되 몸과 말과 뜻으로 짓는
업業이 하나도 헛되지 아니하여 만약 잠깐만 보아도 부
처님 법에 반드시 결정한 마음을 내고, 잠깐만 소리를
들어도 진실한 지혜를 얻고, 겨우 청정한 신심을 내어
도 영원히 번뇌를 끊게 되며, 큰 약왕나무[藥王樹]와 같은
몸을 얻고, 여의주와 같은 몸을 얻어, 일체 보살의 행을
수행하여지이다.'라고 하느니라. 광대하기가 법계와 같
고 끝없기가 허공과 같아 오는 세월이 끝나도록 모든
겁 동안에 쉬지 아니하느니라."

만약 잠깐 동안만 보아도 부처님 법에 반드시 분명하고
결정한 마음을 내고, 잠깐 동안만 소리를 들어도 진실한 지
혜를 얻고, 겨우 막 청정한 신심을 내어도 영원히 번뇌를 끊
게 되기를 발원하는 것이다. 그것이 작은 수행이더라도 큰

이익 있기를 발원하는 것이다.

(10) 정각正覺 이루기를 발원하다

우 발 대 원　　　원 어 일 체 세 계　　성 아 뇩 다 라 삼
又發大願호대 **願於一切世界**에 **成阿耨多羅三**

막 삼 보 리　　　불 리 일 모 단 처　　어 일 체 모 단 처
藐三菩提하야 **不離一毛端處**하고 **於一切毛端處**에

개 실 시 현 초 생 출 가　　예 도 량 성 정 각　　전 법 륜 입
皆悉示現初生出家와 **詣道場成正覺**과 **轉法輪入**

열 반
涅槃하며

"또 큰 원을 세우기를 '원컨대 일체 세계에서 가장 높은 깨달음[아뇩다라삼막삼보리]을 이루어서, 한 털끝을 떠나지 않고 모든 털끝만 한 곳마다 처음 탄생하고, 출가하고, 도량에 나아가고, 정각正覺을 이루고, 법륜을 굴리고, 열반에 드는 일을 모두 다 나타내며"

열 가지 큰 서원 중에 마지막으로 정각 이루기를 발원한 내용이다. 정각의 경지는 한 털끝을 떠나지 않고 모든 털끝

에서 부처님의 일생을 빠짐없이 나타내 보이고 있음을 깨달아 아는 것이다. 이것이 화엄의 교리인 하나가 곧 일체인 이치이다.

득불경계대지혜력　어염념중　수일체중
得佛境界大智慧力하야 **於念念中**에 **隨一切衆**

생심　시현성불　영득적멸
生心하야 **示現成佛**하야 **令得寂滅**하며

"부처님의 경계이신 큰 지혜를 얻고, 생각 생각마다 일체 중생의 마음을 따라 성불함을 보여서 적멸함을 얻게 하며"

또 정각의 경지는 생각 생각마다 일체 중생의 마음을 따라 성불함을 보여서 적멸함을 얻게 하는 경지이다. 즉 일체 중생이 본래로 다 이미 성불하여 있음을 아는 지혜의 경지이다.

이 일 삼 보 리　　지 일 체 법 계　　즉 열 반 상　　이
以一三菩提로 **知一切法界**가 **即涅槃相**하며 **以**

일 음 설 법　　영 일 체 중 생　　심 개 환 희
一音說法하야 **令一切衆生**으로 **心皆歡喜**하며

"하나의 정각으로써 일체 법계가 곧 열반하는 모양
임을 알게 하며, 한 가지 음성으로써 법을 설하여 일체
중생의 마음을 모두 환희케 하며"

정각의 경지는 하나이지만 일체 법계가 모두 열반의 모양
임을 안다. 또 정각의 경지는 한 가지 음성으로 법을 설하여
일체 중생의 마음을 환희케 한다.

시 입 대 열 반　　이 부 단 보 살 행　　시 대 지 혜
示入大涅槃호대 **而不斷菩薩行**하며 **示大智慧**

지　　안 립 일 체 법
地하야 **安立一切法**하며

"일부러 대열반에 들어감을 보이면서도 보살의 행을
끊지 아니하며, 큰 지혜의 지위에 있어서도 모든 법을

나란히 건립하며"

정각의 경지는 대열반을 누리지만 중생을 위한 보살행을 끊임없이 행한다. 또 큰 지혜의 지위에 있어서도 모든 법을 나란히 건립한다. 정각의 경지는 이와 같다.

이 법 지 통　　신 족 통　　환 통　　　자 재 변 화
以法智通과 **神足通**과 **幻通**으로 **自在變化**하야

충 만 일 체 법 계　　광 대 여 법 계　　구 경 여 허 공
充滿一切法界호대 **廣大如法界**하며 **究竟如虛空**하며

진 미 래 제　　일 체 겁 수　　무 유 휴 식
盡未來際하야 **一切劫數**에 **無有休息**이니라

"법지통法智通과 신족통神足通과 환통幻通으로 자재하게 변화하여 일체 세계에 충만하여지이다.'라고 하느니라. 광대하기가 법계와 같고 끝없기가 허공과 같아 오는 세월이 끝나도록 모든 겁 동안에 쉬지 아니하느니라."

정각의 경지는 또한 법지통法智通과 신족통神足通과 환통幻

通으로 자재하게 변화하여 일체 세계에 충만하다. 환희지에 오른 보살은 이와 같은 열 가지 서원을 발한다.

불자 　보살 　주환희지 　　발여시대서원
佛子야 菩薩이 住歡喜地하야 發如是大誓願과

여시대용맹 　여시대작용 　이차십원문위수
如是大勇猛과 如是大作用호대 以此十願門爲首

　　만족백만아승지대원
하야 滿足百萬阿僧祇大願이니라

"불자여, 보살이 환희지에 머물러서 이와 같은 큰 서원과 이와 같은 큰 용맹과 이와 같은 큰 작용을 일으키되 이 열 가지 서원의 문으로 으뜸을 삼아서 백만 아승지의 큰 원을 만족하게 하느니라."

이것은 환희지 보살의 큰 서원이며, 큰 용맹이며, 큰 작용이다. 이와 같은 열 가지 서원을 으뜸으로 하여 백만 아승지의 크고 큰 서원을 만족하게 한다.

(11) 십대서원은 십진구十盡句로 성취한다

불자 차대원 이십진구 이득성취 하
佛子야 **此大願**이 **以十盡句**로 **而得成就**하나니 **何**

등 위십 소위중생계진 세계진 허공계진
等이 **爲十**고 **所謂衆生界盡**과 **世界盡**과 **虛空界盡**과

법계진 열반계진 불출현계진 여래지계진
法界盡과 **涅槃界盡**과 **佛出現界盡**과 **如來智界盡**과

심소연계진 불지소입경계계진 세간전법
心所緣界盡과 **佛智所入境界界盡**과 **世間轉法**

전지전계진
轉智轉界盡이니라

"불자여, 이 큰 서원은 열 가지 끝나는 구절[盡句]로
성취되느니라. 무엇이 열인가. 말하자면 중생계가 끝나
고, 세계가 끝나고, 허공계가 끝나고, 법계가 끝나고,
열반계가 끝나고, 부처님의 출현하는 계界가 끝나고, 여
래의 지혜의 계가 끝나고, 마음으로 반연하는 계가 끝
나고, 부처님의 지혜로 들어갈 경계의 계가 끝나고, 세
간의 진전[轉], 법의 진전, 지혜의 진전하는 계가 끝나는
것이니라."

환희지에 머문 보살이 모든 부처님께 공양하기를 발원하고, 일체 불법을 수지할 것을 발원하고, 법륜 굴리기를 발원하고, 자리이타를 발원하는 등의 열 가지 발원을 하였는데 이와 같은 발원을 시간적으로 얼마 동안 하는 것인가를 열 가지 끝나는 구절로써 밝혔다.

약 중 생 계 진
若衆生界盡이면

아 원 내 진
我願乃盡이며

약 세 계
若世界와

내 지
乃至

세 간 전 법 전 지 전 계 진
世間轉法轉智轉界盡이면

아 원 내 진
我願乃盡이어니와

이 중
而衆

생 계
生界가

불 가 진
不可盡이며

내 지 세 간 전 법 전 지 전 계
乃至世間轉法轉智轉界가

불
不

가 진 고
可盡故로

아 차 대 원 선 근
我此大願善根도

무 유 궁 진
無有窮盡이니라

"만약 중생계가 끝나면 나의 원도 끝나며, 만약 세계와 내지 세간의 진전, 법의 진전, 지혜의 진전하는 계界가 끝나면 나의 원願도 끝나려니와, 중생계가 끝날 수 없으며 내지 세간의 진전, 법의 진전, 지혜의 진전하는 계가 끝날 수 없으므로 나의 이 큰 원의 선근도 끝날 수 없느니라."

중생계가 끝나고, 세계가 끝나고, 허공계가 끝나고, 법계가 끝나고, 열반계 등이 끝나면 보살의 서원도 끝나려니와 그 모든 경계가 어느 것 하나도 결코 끝나지 않으므로 보살의 큰 서원의 선근도 결코 끝나지 아니한다. 보살의 서원은 끝날 수 없다. 보살은 그 자체가 곧 서원이기 때문에 만약 서원이 끝난다면 보살도 그 순간 끝나는 것이다. 그래서 이 십진구가 있다.

(12) 서원을 발한 후 얻는 열 가지 마음

불자 보살 발여시대원이 즉득이익심
佛子야 **菩薩**이 **發如是大願已**에 **則得利益心**과

유연심 수순심 적정심 조복심 적멸심
柔軟心과 **隨順心**과 **寂靜心**과 **調伏心**과 **寂滅心**과

겸하심 윤택심 부동심 불탁심
謙下心과 **潤澤心**과 **不動心**과 **不濁心**하니라

"불자여, 보살이 이와 같은 큰 서원을 발하고는 곧

이익하게 하는 마음과 부드러운 마음과 따라 순종하는 마음과 고요한 마음과 조복하는 마음과 적멸한 마음과 겸손한 마음과 윤택한 마음과 움직이지 않는 마음과 혼탁하지 않은 마음을 얻느니라."

환희지에 오른 보살이 열 가지 서원을 발하고는 매우 훌륭한 마음을 얻게 된다. 그 마음을 열 가지로 밝혔다. 환희지에 오른 보살뿐만 아니라 불법을 철저히 믿고 불법으로 삶의 기쁨을 삼는 사람들은 이와 같은 열 가지 마음을 항상 지니게 된다. 평소에 이러한 마음만 지니게 되면 어떤 험한 세상에서라도 평정심을 유지하여 중생을 위한 보살행으로 일관할 수 있을 것이다.

11) 믿음을 성취한 보살이 믿는 것

성 정 신 자   유 신 공 용   능 신 여 래 본 행 소 입
成淨信者는 **有信功用**하야 **能信如來本行所入**

신 성 취 제 바 라 밀　　신 입 제 승 지　　　신 성 취
하며 **信成就諸波羅蜜**하며 **信入諸勝地**하며 **信成就**

력　　　신 구 족 무 소 외
力하며 **信具足無所畏**하며

"청정한 신심을 성취한 이는 신심의 공용功用이 있어
여래께서 본래 행行으로 들어가신 것을 믿으며, 모든 바
라밀다를 성취함을 믿으며, 모든 수승한 지위에 들어감
을 믿으며, 힘을 성취함을 믿으며, 두려움 없음을 구족
함을 믿느니라."

신 생 장 불 가 괴 불 공 불 법　　　신 부 사 의 불 법
信生長不可壞不共佛法하며 **信不思議佛法**하며

신 출 생 무 중 변 불 경 계　　　신 수 입 여 래 무 량 경 계
信出生無中邊佛境界하며 **信隨入如來無量境界**

　　신 성 취 과
하며 **信成就果**하나니라

"또 깨뜨릴 수 없는 함께 하지 않는 불법의 생장함
을 믿으며, 부사의한 불법을 믿으며, 중간도 가장자리
[中邊]도 없는 부처님 경계를 내는 것을 믿으며, 여래의

한량없는 경계에 따라 들어감을 믿으며, 과보를 성취함
을 믿느니라."

거 요 언 지   신 일 체 보 살 행   내 지 여 래 지 지
擧要言之컨댄 **信一切菩薩行**과 **乃至如來智地**
설 력 고
說力故니라

"중요한 점을 들어 말하자면 일체 보살의 행과 내지
여래의 지혜의 지위와 말하는 힘을 믿는 것이니라."

환희지에 오른 보살이 특별히 열 가지 믿는 것이 있음을
밝혔다. 보살 수행의 가장 기본이 되는 십신위十信位에서 믿
는 것과는 달리 십신을 넘고 삼현三賢을 넘어 십지 초지에 들
어와서 믿는 내용이다. 초지 보살은 청정한 신심을 성취했기
때문에 신심의 뛰어난 작용[功用]이 있다. 그래서 먼저 여래께
서 본래의 행行으로 들어가신 것을 믿는 것으로부터 불보살
의 모든 지혜의 경지와 보살행을 남김없이 믿는 것이다. 이
믿음 속에는 불법의 위대하고 불가사의한 내용들이 빠짐없

이 있음을 다시 한 번 명백하게 밝히는 것이다.

12) 환희지에 머문 보살의 염려

불자 차보살 부작시념 제불정법 여
佛子야 **此菩薩**이 **復作是念**호대 **諸佛正法**이 **如**

시 심 심 여시적정 여시적멸 여시공
是甚深하며 **如是寂靜**하며 **如是寂滅**하며 **如是空**하며

여 시무상 여시무원 여시무염 여시무
如是無相하며 **如是無願**하며 **如是無染**하며 **如是無**

량 여 시 광 대
量하며 **如是廣大**어늘

"불자여, 이 보살이 또 이런 생각을 하느니라. '부처
님의 바른 법이 이와 같이 깊고, 이와 같이 고요하고,
이와 같이 적멸하고, 이와 같이 공空하고, 이와 같이 모
양이 없고, 이와 같이 원願이 없고, 이와 같이 물들지 않
고, 이와 같이 한량이 없고, 이와 같이 광대하건만"

환희지에 오른 보살이 인생사의 만능열쇠와도 같은 위대

한 불법을 생각하고, 다른 한편으로는 그럼에도 불구하고 범부 중생들이 고통에서 허덕이는 모습을 생각하여 일체 중생으로 하여금 모든 고통을 떠나서 안락을 누리도록 하겠다는 생각을 하게 되는 것을 밝혔다. 다시 정리하면 세상 중생들의 삶은 어떠하며, 불교는 또한 어떠하며, 불교를 실천 수행하는 사람들은 어떠해야 하는가를 밝혔다. 이것이 곧 뜻 있는 불교인, 즉 보살이 잊지 않고 늘 생각해야 할 바다.

불법의 위대함을 깊음과 고요함과 적멸함과 공함과 형상이 없음과 원이 없음과 물들어 더러움이 없음과 한량없음과 광대함으로 밝혔다. 이 아홉 가지 낱말 속에 일체 불법이 다 포함되었다. 그리고 "이와 같이"는 화엄경과 팔만장경에서 설명하고 있는 모든 참되고 바른 이치와 가르침을 말한다.

이 제 범 부　　심 타 사 견
而諸凡夫가 **心墮邪見**하야

"모든 범부들이 삿된 소견에 빠져"

불법은 그토록 위대하건만 범부 중생들이 삿된 소견에

빠져서 번뇌 무명으로부터 헤어나지 못하고 고통받고 있는 까닭을 자세히 하나하나 밝혀 나간다. 삿된 견해에 대해서 청량스님은 "삿된 견해란 앞에서는 정법은 이치가 본래 치우침이 없음을 밝혔고, 지금은 저 진실한 뜻을 미혹하여 이치 밖에 그릇 취함을 모두 삿된 견해라 이름한다."[7] 라고 하였다. "정법은 본래 치우침이 없다."는 것은 일체 존재의 중도성中道性을 말한다. 모든 존재는 있음과 없음을 함께 포함하고 있다는 원칙이다. 이 원칙을 잘못 알고 있는 것이 삿된 견해며 치우친 견해이다.

무명부예
無明覆翳하며
입교만고당
立憍慢高幢하며
입 갈 애 망 중
入渴愛網中하며

행첨광조림
行謟誑稠林하야
불능자출
不能自出하며
심여간질
心與慳嫉로
상응
相應

불사
不捨하야
항조제취수생인연
恒造諸趣受生因緣하며

"무명에 가려져서 교만의 깃대가 높이 섰으며, 애착

---

7) 總云【邪見】者 : 前明正法, 理本無偏. 今迷彼實義, 理外謬取, 皆名邪見.

의 그물에 얽매여 아첨과 거짓의 빽빽한 숲 속을 다니
면서 스스로 벗어나지 못하며, 마음은 인색과 질투가
서로 맞아서 버리지 못하고, 여러 갈래에 태어날 인연
을 항상 짓느니라."

  번뇌 무명에 가려진 사람은 오히려 교만심이 높아서 잘
난 체를 잘한다. 집착과 애착이 심하여 거짓의 빽빽한 숲 속
을 헤매면서 벗어날 줄 모른다. 또한 아끼고 탐하는 것과 질
투가 그 마음에 들어서 버리지 못한다. 그래서 지옥과 같고
아귀와 같고 축생과 같은 성질을 부리면서 그것으로 자신의
삶의 인연을 짓는다.

    탐 에 우 치   적 집 제 업   일 야 증 장   이 분 한
    貪恚愚癡로 積集諸業하야 日夜增長하며 以忿恨

  풍   취 심 식 화   치 연 불 식   범 소 작 업 개
  風으로 吹心識火하야 熾然不息하며 凡所作業이 皆

  전 도 상 응
  顚倒相應하며

"탐욕과 성내는 일과 어리석음으로 모든 업을 지어서 밤낮으로 증장하고, 분노의 바람으로 마음과 의식의 불을 일으켜서 치성한 불꽃이 쉬지 않으며, 모든 짓는 업이 다 뒤바뀜과 상응하게 되느니라."

탐욕과 성냄과 어리석음은 탐진치貪瞋痴라 하여 팔만사천의 번뇌 중에 가장 근본이 되는 번뇌다. 팔만사천의 번뇌가 이 탐진치를 뿌리로 하여 벌어진 줄기와 가지와 잎들이다. 이것이 밤낮으로 불어나고 성장하여 분노와 원한의 바람이 심식의 불을 활활 타오르게 하여 쉴 줄 모른다. 그래서 매일 매일 짓는 업들이 모두 다 전도몽상과 상응하여 지옥과 같고 아귀와 같고 축생과 같고 아수라와 같은 세상을 연출한다. 이것이 미혹한 중생들의 삶이다. 지혜와 자비로 충만한 보살이 왜 걱정이 되지 않겠는가.

욕류　　유류　　무명류　　견류　　상속기심의식
欲流와 有流와 無明流와 見流가 相續起心意識

종 자
種子하야

"욕망의 폭류[欲流]와 있음에 대한 폭류[有流]와 무명의 폭류[無明流]와 소견의 폭류[見流]가 서로 계속하여 마음과 뜻과 의식[心意識]의 종자를 일으키느니라."

여기까지 12인연 중에 무명無明과 행行과 식識의 경계에서 미혹한 중생이 온갖 여러 가지 삶을 펼치게 되는 근본을 밝혔다. 무명無明과 행行과 식識이 근본이 되어 욕망이 마치 폭포수가 쉬지 않고 쏟아져 내리듯이 끊임없이 일어난다. 일체존재는 공하여 없는 것이 아니라 굳게 있다고 여기는 고집 또한 폭포수가 쉬지 않고 쏟아져 내리듯이 끊임없이 일어난다. 무명의 어두움과 자기 소견에 대한 집착이 그와 같이 서로서로 계속하여 마음과 뜻과 의식[心意識]의 종자를 일으키고 있다.

어 삼 계 전 중　　부 생 고 아　　　소 위 명 색　　공
於三界田中에 **復生苦芽**하나니 **所謂名色**이 **共**

생불리　　차명색　　증장　　생육처취락　　어
生不離하며 **此名色**이 **增長**하야 **生六處聚落**하며 **於**

중　　상대생촉　　촉고　　생수　　인수생애
中에 **相對生觸**하며 **觸故**로 **生受**하며 **因受生愛**하며

애증장고　　생취　　취증장고　　생유
愛增長故로 **生取**하며 **取增長故**로 **生有**하며

"삼계三界라는 밭에서 다시 고통의 싹을 내느니라. 이른바 정신[이름]과 물질[名色]이 함께 나서 떠나지 아니하며, 정신과 물질이 증장하여 여섯 군데의 기관[聚落]을 내고, 그 속에서 서로 대하여 접촉함[觸]을 내며, 접촉함으로 받아들임[受]을 내고, 받아들임으로 사랑함을 내고, 사랑이 자라서 취取함을 내고, 취함이 증장하여 소유[有]를 내느니라."

12인연 가운데 앞에서는 무명과 행과 식을 말하였고, 다시 정신과 육신[명색]이 생기고, 육신이 발전하여 여섯 가지 받아들이는 육입이 생기고, 다시 감촉하는 기능이 생기고, 나아가서 감촉이 좋으면 받아들이게 되고, 받아들이다 보면 애착하게 되고, 애착하다 보면 그것을 취하게 되고, 급기야

는 소유하게 된다.

^{유 생 고} ^{유 생 노 사 우 비 고 뇌} ^{여 시 중 생}
有生故로 **有生老死憂悲苦惱**하야 **如是衆生**이

^{생 장 고 취}
生長苦趣하나니

"소유가 생김으로 태어남과 늙음과 죽음과 근심과
슬픔과 괴로움과 번거로움을 내느니라. 이와 같이 중생
이 고통의 갈래 속에서 생장하느니라."

12인연에서 소유가 생김으로 태어남과 늙음과 죽음과
근심과 슬픔과 괴로움과 번거로움 등의 고통이 연속되는 것
이다. 우리들 인생은 언제나 이와 같은 과정을 계속해서 이
어가고 있다. 그것이 중생의 삶이다.

^{시 중 개 공} ^{이 아 아 소} ^{무 지 무 각} ^{무 작}
是中皆空하야 **離我我所**라 **無知無覺**하며 **無作**

무 수   여 초 목 석 벽   역 여 영 상
無受호미 如草木石壁하며 亦如影像이어늘

"이러한 것들 가운데는 모두 공하여 '나'와 '나의
것'을 떠났으므로 알음알이가 없고, 깨달음도 없으며,
짓는 것도 없고 받는 것도 없음이 마치 초목이나 돌과
같으며 또한 영상과도 같으니라."

사람들은 열두 가지 인연으로 삶을 영위하지만 그 열두
가지 인연은 모두 공하여 실체가 없다. '나'라 할 것이 없으
며 '나의 것'도 없다. 아무런 지각이 없으며 짓거나 받음이 없
는 것이 마치 저 무정물인 초목이나 돌덩이와 같다. 또한 그
림자와도 같다.

연 제 중 생   불 각 부 지
然諸衆生이 不覺不知하나니

"'중생들은 깨닫지도 못하고 알지도 못하는구나.'라
고 하느니라."

미혹한 중생들은 12인연으로 살아가는 그와 같은 사실을 깨닫지도 못하고 알지도 못한다.

보살 견제중생 어여시고취 부득출리
菩薩이 見諸衆生이 於如是苦聚에 不得出離라

시고 즉생대비지혜 부작시념 차제중
是故로 卽生大悲智慧하며 復作是念호대 此諸衆

생 아응구발 치어구경안락지처 시고
生을 我應救拔하야 置於究竟安樂之處라 是故로

즉생대자광명지
卽生大慈光明智니라

"보살은 모든 중생들이 이와 같은 고통 속에서 벗어나지 못함을 보고, 큰 자비와 지혜를 내어 다시 또 생각하기를 '이 모든 중생들을 내가 응당히 건져 내어 구경까지 안락한 곳에 둘 것이니, 그러므로 큰 자비와 광명의 지혜를 내리라.' 라고 하느니라."

보살은 중생들이 12인연의 굴레에 갇혀서 고통 받고 있는 사실을 알고 큰 지혜와 자비를 일으켜서 그들을 고통에서 벗어나게 하여 완전한 안락의 경지에 머물게 하려는 생각을 한다.

13) 대자비심으로 보시행을 닦다

佛子야 菩薩摩訶薩이 隨順如是大悲大慈하야
以深重心으로 住初地時에 於一切物에 無所悋惜하고 求佛大智하야 修行大捨할새 凡是所有를 一切
能施호대

"불자여, 보살마하살이 이와 같은 대비大悲와 대자大慈를 수순하여 깊고 중대한 마음으로 초지初地에 머물 때에 모든 물건을 아끼지 않고 부처님의 큰 지혜를 구하며 크게 버리는 일을 수행하여 가진 것을 모두 보시하느니라."

보살계위의 십지十地에 십바라밀을 주主바라밀과 조助바라밀로 각각 수행한다. 제1지에서는 제1 보시바라밀을 주主바라밀로 수행하고 나머지 9바라밀을 조助바라밀로 수행한다. 제2지에서는 제2 지계바라밀을 주바라밀로 수행하고 나머지 9바라밀을 조바라밀로 수행한다. 이와 같이 제10지에 이르기까지 각각 십바라밀을 배속하여 보살 수행이 원만하게 한다. 대자대비의 마음으로 보시행을 수행하는 뜻이 여기에 있다.

　　소위재곡창고　　금은마니　　진주유리　　가
　所謂財穀倉庫와 金銀摩尼와 眞珠瑠璃와 珂

패벽옥　　산호등물　　진보영락엄신지구　　상마
貝璧玉과 珊瑚等物과 珍寶瓔珞嚴身之具와 象馬

거승　　노비인민　　성읍취락　　원림대관　　처첩
車乘과 奴婢人民과 城邑聚落과 園林臺觀과 妻妾

남녀   내외권속   급여소유진완지구   두목수
男女와 **內外眷屬**과 **及餘所有珍玩之具**와 **頭目手**

족   혈육골수   일체신분   개무소석   위구
足과 **血肉骨髓**와 **一切身分**을 **皆無所惜**하야 **爲求**

제불광대지혜   시명보살   주어초지   대
諸佛廣大智慧하나니 **是名菩薩**이 **住於初地**하야 **大**

사 성 취
捨成就니라

"이른바 재물과 곡식과 창고와 금과 은과 마니와 진
주와 유리와 보석과 보패와 산호 등의 보물과 영락 등
몸을 장식하는 장엄거리와 코끼리와 말과 수레와 노비
와 사환과 도시와 마을과 원림과 누대와 처첩과 아들과
딸과 안팎 권속들과 그 외의 훌륭한 물건들과 머리와
눈과 손과 발과 피와 살과 뼈와 골수 등 모든 몸의 부
분들을 하나도 아끼지 않고 보시하여 부처님의 광대한
지혜를 구하느니라. 이것을 이름하여 보살이 초지에 머
물러서 크게 버리는 일을 성취하는 것이라 하느니라."

보살이 초지에서 닦는 갖가지 보시행을 밝혔다. 이와 같
이 남에게 보시하기 어려운 온갖 것을 헌신짝 버리듯이 버리

는 자세로 보시하여 부처님의 광대한 지혜를 구한다. 어떤 사물을 단순히 보시만 하더라도 훌륭한 보살행이 되고 불교행이 되는 것은 사실이지만 불자로서 잊어서 안 될 점은 보시를 통하여 반드시 깨달음의 지혜를 구하고 부처님의 자비와 지혜를 함께 깨우쳐 주어야 하는 것이다.

佛子야 菩薩이 以此慈悲大施心으로 爲欲救護

一切衆生하야 轉更推求世出世間諸利益事호대

無疲厭故로 卽得成就無疲厭心하며

"불자여, 보살이 이 자비로 크게 보시하는 마음으로써 일체 중생을 구호하기 위하여 점점 다시 세간과 출세간의 여러 가지 이익하게 하는 일을 구하면서도 고달픈 마음이 없으므로 곧 고달픈 줄 모르는 마음을 성취하느니라."

환희지의 보살은 일체 중생을 구호하기 위하여 세간과 출세간의 모든 이익한 보시행을 행하더라도 결코 피로해하거나 싫증을 내지 않는다.

득무피염심이   어일체경론   심무겁약
得無疲厭心已에 **於一切經論**에 **心無怯弱**하고

무겁약고   즉득성취일체경론지
無怯弱故로 **即得成就一切經論智**하며

"고달픈 줄 모르는 마음을 얻고 나서는 일체 경經과 논論에 대하여 마음이 겁약함이 없느니라. 겁약함이 없으므로 곧 일체 경론經論의 지혜를 성취하느니라."

획시지이   선능주량응작불응작   어상중
獲是智已에 **善能籌量應作不應作**하야 **於上中**

하일체중생   수응수력   수기소습   여시
下一切衆生에 **隨應隨力**하고 **隨其所習**하야 **如是**

이행   시고   보살   득성세지
而行일새 **是故**로 **菩薩**이 **得成世智**하며

"이 지혜를 얻고 나서는 응당히 지을 일과 응당히 짓지 아니할 일을 잘 요량하고 상·중·하품의 일체 중생에 대하여 마땅함을 따르고 힘을 따르고 그 익힌 바를 따라서 그와 같이 행하나니 그러므로 보살이 세간의 지혜를 이루게 되느니라."

成世智已에 知時知量하야 以慚愧莊嚴으로 勤
修自利利他之道일새 是故로 成就慚愧莊嚴하며

"세간의 지혜를 이루고 나서는 시기를 알고 그 양을 알아 부끄러움의 장엄[慚愧莊嚴]으로 스스로 이롭고 다른 이를 이롭게 하는 도를 부지런히 닦느니라. 그러므로 부끄러움의 장엄을 성취하느니라."

於此行中에 勤修出離하야 不退不轉하야 成堅

고 력　　득 견 고 력 이　　근 공 제 불　　어 불 교 법
固力하며 **得堅固力已**에 **勤供諸佛**하야 **於佛敎法**에

능 여 설 행
能如說行이니라

"이러한 행에서 벗어나는 일을 부지런히 닦아 퇴전
하지 아니하면 견고한 힘을 이루며, 견고한 힘을 얻고
나서는 모든 부처님께 부지런히 공양하고 부처님의 교
법에 말씀하신 대로 실행하느니라."

보살이 온갖 것을 보시하고는 피곤해하거나 싫증 냄이
없음을 얻음과, 경론의 지혜를 이룸과, 세간의 지혜행을 이
룸과, 부끄러움의 행을 이룸과, 견고한 힘을 이룸과, 공양의
행을 이룸을 모두 밝혔다.

14) 모든 지위를 청정하게 하는 열 가지 법

불 자　　보 살　　여 시 성 취 십 종 정 제 지 법
佛子야 **菩薩**이 **如是成就十種淨諸地法**하나니

소위신 　　자비희사　　무유피염　　지제경론　　선
所謂信과 **慈悲喜捨**와 **無有疲厭**과 **知諸經論**과 **善**

해세법　　참괴　　견고력　　공양제불　　　의교수
解世法과 **慚愧**와 **堅固力**과 **供養諸佛**하야 **依敎修**

행
行이니라

　"불자여, 보살이 이와 같이 모든 지위를 청정하게 하
는 열 가지 법을 성취하느니라. 이른바 신심과 자비와
기꺼이 버림과 고달픔 없음과 모든 경론經論을 아는 일
과 세간법을 잘 아는 것과 부끄러움과 견고한 힘과 모
든 부처님께 공양함과 가르친 대로 수행하는 것이니라."

　경문에서 분명히 열 가지 법이라고 하였으므로 사섭법도
넷으로 보지 않고 둘로 나누어 보았다. 화엄경에서는 경의
종지宗旨에 맞추느라고 아홉도 열로 보고 열하나나 열둘도
열로 보는 것이 관례이나 만약 열로 볼 수 있으면 열로 나누
는 것이 옳기 때문이다. 또 초지를 설하는 부분이지만 모든
지위[諸地]라고 하였으므로 그렇게 과목을 정하였다.

15) 환희지에 오른 공과功果를 밝히다

(1) 조화롭고 유연한 공과[調柔果]

1〉법法을 밝히다

불자 보살 주차환희지이 이대원력
佛子야 **菩薩**이 **住此歡喜地已**에 **以大願力**으로

득견다불 소위견다백불 다천불 다백
得見多佛하나니 **所謂見多百佛**과 **多千佛**과 **多百**

천불 다억불 다백억불 다천억불 다백천
千佛과 **多億佛**과 **多百億佛**과 **多千億佛**과 **多百千**

억불 다억나유타불 다백억나유타불 다천
億佛과 **多億那由他佛**과 **多百億那由他佛**과 **多千**

억나유타불 다백천억나유타불
億那由他佛과 **多百千億那由他佛**이라

"불자여, 보살이 이 환희지에 머물고는 큰 원력으로 많은 부처님을 친견하게 되느니라. 이른바 여러 백 부처님, 여러 천 부처님, 여러 백천 부처님, 여러 억 부처님, 여러 백억 부처님, 여러 천억 부처님, 여러 백천억 부처님, 여러 억 나유타 부처님, 여러 백억 나유타 부처님, 여러 천억 나유타 부처님, 여러 백천억 나유타 부처

님을 친견하느니라."

십지는 모든 지위마다 그 공과가 따른다. 첫째는 조화롭고 유연한 공과[調柔果]며, 둘째는 시작하여 나아가는 공과[發趣果]며, 셋째는 과보를 거두는 공과[攝報果]며, 넷째는 원력과 지혜의 공과[願智果]이다. 그러나 시작하여 나아가는 공과[發趣果]는 초지에만 해당하므로 초지 외에는 없다. 또 모든 공과마다 법과 비유와 법과 비유를 합하여 밝히는 내용을 공통으로 설하였다. 먼저 법을 밝혔다.

초지에 머물면 가장 먼저 모든 사람, 모든 생명을 부처님으로 믿고 보아서 친견하게 된다. 불법을 바로 알고 바로 믿는 사람의 조건은 모든 사람과 모든 생명을 부처님으로 이해하고 받들어 섬기고 공양 공경 존중 찬탄하는 자세를 갖추는 일이다. 이것이 불교를 공부하여 처음으로 진정한 기쁨으로 충만한 첫 환희지에 이른 공과이다.

실 이 대 심 심 심　　공 경 존 중　　승 사 공 양
悉以大心深心으로　恭敬尊重하고　承事供養호대

의복음식　와구의약　일체자생　실이봉시
衣服飲食과 **臥具醫藥**과 **一切資生**을 **悉以奉施**하며

역이공양일체중승　　이차선근　　개실회향
亦以供養一切衆僧하야 **以此善根**으로 **皆悉廻向**

무 상 보 리
無上菩提니라

　"모든 큰 마음과 깊은 마음으로 공경하고 존중하고
받들어 섬기고 공양하며, 의복과 음식과 와구臥具와 의
약과 모든 필수품으로 보시하며, 또한 일체 스님들께도
공양하느니라. 이 선근으로써 위없는 보리菩提에 모두 다
회향하느니라."

　모든 사람 모든 생명을 부처님으로 이해하여 받들어 섬
기게 되면 그것은 큰 마음이며 깊은 마음이다. 그래서 대심
중생大心衆生이라 한다. 그와 같은 마음으로 일체 공양거리로
써 공양하며 또한 일체 스님들께도 공양하여 그 모든 선근
으로 가장 높은 깨달음에 회향하는 것이다. 모든 사람 모든
생명에서 굳이 스님들께 공양하는 것을 따로 든 것은 승가
중심의 초기불교에 젖은 이들을 염두에 둔 설명이리라.

불자 차보살 인공양제불고 득성취중생
佛子야 **此菩薩**이 **因供養諸佛故**로 **得成就衆生**

법   이전이섭   섭취중생   위보시애어
法하야 **以前二攝**으로 **攝取衆生**하나니 **謂布施愛語**요

후이섭법   단이신해력고   행   미선통달
後二攝法은 **但以信解力故**로 **行**일새 **未善通達**이며

시보살   십바라밀중   단바라밀   증상   여
是菩薩이 **十波羅蜜中**에 **檀波羅蜜**이 **增上**하고 **餘**

바라밀   비불수행   단수력수분
波羅蜜은 **非不修行**이로대 **但隨力隨分**이니라

"불자여, 이 보살이 여러 부처님께 공양하였으므로
중생을 성취하는 법을 얻느니라. 앞에 있는 두 가지의
거두어 주는 법으로 중생을 포섭하나니 보시하는 것과
좋은 말을 하는 것이요, 뒤에 있는 두 가지의 거두어 주
는 법은 다만 믿고 아는 힘으로 행하거니와 아직은 잘
통달하지는 못하느니라. 이것이 보살의 열 가지 바라밀
다 중에 보시바라밀다가 더 많은 것이니라. 나머지 다
른 바라밀다는 닦지 않는 것은 아니지마는 힘을 따르고
그 분한을 따를 뿐이니라."

중생을 교화하고 성취시키는 법은 사섭법四攝法이 제일이다. 그러므로 보시와 애어로 중생을 포섭하고, 이행과 동사로 믿음과 이해의 힘을 행한다. 보살이 십바라밀을 행하는데 십지 중에 초지에서는 보시바라밀을 주主바라밀로 삼아 더 많이 닦고 나머지 아홉 바라밀은 보조바라밀로 삼아 알맞게 닦는다는 것을 밝혔다.

시보살   수소근수공양제불   교화중생
是菩薩이 隨所勤修供養諸佛하고 教化衆生하야

개이수행청정지법   소유선근   실이회향
皆以修行淸淨地法일새 所有善根을 悉以廻向하야

일체지지   전전명정   조유성취   수의감용
一切智地가 轉轉明淨하며 調柔成就에 隨意堪用
하나니라

"이 보살이 곳을 따라서 모든 부처님께 공양하고 중생을 교화하는 일을 부지런히 닦아서 청정한 지위의 법을 모두 다 수행하고, 그러한 선근으로 회향하여 일체지혜의 지위가 더욱 더 밝고 깨끗하여지며, 조화롭고

유연한 공과[調柔果]가 성취되어 마음대로 능히 활용하느니라."

초지에 머문 보살의 공과 중에 먼저 조화롭고 유연한 공과[調柔果]가 성취된 내용을 밝혔다.

2〉법을 비유하다

불자   비여금사   선교연금   삭삭입화
佛子야 譬如金師가 善巧鍊金하야 數數入火에

전전명정   조유성취   수의감용
轉轉明淨하며 調柔成就에 隨意堪用인달하니라

"불자여, 비유하면 마치 금金을 다루는 사람이 금을 단련할 적에 자주자주 불에 넣으면 점점 더 밝고 깨끗하여지고 조화롭고 유연한 공과가 성취되어 마음대로 능히 사용하는 것과 같으니라."

초지에서 조화롭고 유연한 공과가 성취됨을 비유로써 밝혔다. 마치 금을 다루는 사람이 금을 자주자주 불에 넣으면 더욱 밝고 깨끗하고 조화롭고 유연하여져서 마음대로 사용할 수 있게 되는 것과 같다.

3〉 법과 비유를 합하여 밝히다

보살 역부여시 공양제불 교화중생
菩薩도 **亦復如是**하야 **供養諸佛**하고 **教化衆生**이

개 위 수 행 청 정 지 법 소 유 선 근 실 이 회 향
皆爲修行淸淨地法일새 **所有善根**을 **悉以廻向**하야

일 체 지 지 전 전 명 정 조 유 성 취 수 의 감 용
一切智地가 **轉轉明淨**하며 **調柔成就**에 **隨意堪用**
이니라

"보살도 또한 다시 이와 같아서 모든 부처님께 공양하고 중생을 교화함이 모두 청정한 지위의 법을 수행함이요, 그러한 선근으로 모두 다 회향하여 일체 지혜의 지위가 점점 더 밝고 깨끗하여지고 조화롭고 유연한 결과가 성취되어 마음대로 활용하느니라."

세상의 어떤 기술이든 익힌 만큼 변화와 발전이 있게 되

고 또 익힌 만큼 활용하게 되듯이 불법 수행도 수행한 만큼 사람이 변하고 발전이 있게 되며 자신의 수행을 어떤 형태로든 활용하게 된다는 점을 밝혔다.

(2) 시작하여 나아가는 공과[發趣果]

1〉법을 밝히다

<ruby>佛子<rt>불자</rt></ruby>야 <ruby>菩薩摩訶薩<rt>보살마하살</rt></ruby>이 <ruby>住於初地<rt>주어초지</rt></ruby>에 <ruby>應從諸佛菩<rt>응종제불보</rt></ruby>

<ruby>薩善知識所<rt>살선지식소</rt></ruby>하야 <ruby>推求請問於此地中<rt>추구청문어차지중</rt></ruby>의 <ruby>相及得果<rt>상급득과</rt></ruby>

호대 <ruby>無有厭足<rt>무유염족</rt></ruby>이니 <ruby>爲欲成就此地法故<rt>위욕성취차지법고</rt></ruby>며

"불자여, 보살마하살이 초지初地에 머물고는 마땅히 모든 부처님과 보살과 선지식에게 이 지위의 모양과 얻는 결과를 구하고 물어서 만족함이 없으니, 이 지위의 법을 성취하고자 함이니라."

십지 중에 처음 환희지에 머물고 얻는 두 번째 공과인 시

작하여 나아가는 공과[發趣果]다. 이 시작하여 나아가는 공과는 첫 지위에서 한 번뿐이다. 이 초지로부터 2지, 3지, 4지 등으로 계속해서 나아가는 공과다. 먼저 법을 밝히고, 비유를 들고, 다시 법과 비유를 합하여 그 뜻을 더욱 분명히 하였다.

亦應從諸佛菩薩善知識所_{하야} 推求請問第二
역 응 종 제 불 보 살 선 지 식 소　　추 구 청 문 제 이

地中_의 相及得果_{호대} 無有厭足_{이니} 爲欲成就彼地
지 중　　상 급 득 과　　무 유 염 족　　위 욕 성 취 피 지

法故_며
법 고

"또 마땅히 부처님과 보살과 선지식에게 제2지의 모양과 얻는 결과를 구하고 물어서 만족함이 없으리니, 저 지위의 법을 성취하고자 함이니라."

亦應如是推求請問第三第四第五第六第七
역 응 여 시 추 구 청 문 제 삼 제 사 제 오 제 육 제 칠

제 팔 제 구 제 십 지 중   상 급 득 과   무 유 염 족
第八第九第十地의 **相及得果**호대 **無有厭足**이니

위 욕 성 취 피 지 법 고
爲欲成就彼地法故니라

"또 응당 이와 같이 제3, 제4, 제5, 제6, 제7, 제
8, 제9, 제10지地 중의 모양과 얻는 결과를 구하고 물
어서 만족함이 없으리니, 저 지위의 법을 성취하려고
함이니라."

초지로부터 2지, 3지, 4지, 내지 10지에 이르기까지 그
모양과 얻는 공과를 구하고 물어서 모든 지위의 법을 성취
한다는 내용이다.

시 보 살   선 지 제 지 장 대 치   선 지 지 성 괴
是菩薩이 **善知諸地障對治**하며 **善知地成壞**하며

선 지 지 상 과   선 지 지 득 수   선 지 지 법 청 정
善知地相果하며 **善知地得修**하며 **善知地法淸淨**하며

선 지 지 지 전 행   선 지 지 지 처 비 처   선 지 지
善知地地轉行하며 **善知地地處非處**하며 **善知地**

지 수 승 지　　　선 지 지 지 불 퇴 전　　　선 지 정 치 일 체
地殊勝智하며 **善知地地不退轉**하며 **善知淨治一切**

보 살 지　　내 지 전 입 여 래 지
菩薩地와 **乃至轉入如來地**니라

"이 보살이 모든 지地의 장애와 다스리는 일을 잘 알
며, 지의 이루고 무너짐을 잘 알며, 지의 모양과 결과를
잘 알며, 지의 얻음과 닦음을 잘 알며, 지의 법이 청정
함을 잘 알며, 지地와 지地로 옮겨 행함을 잘 알며, 지와
지의 옳은 곳과 그른 곳을 잘 알며, 지와 지의 수승한
지혜를 잘 알며, 지와 지의 퇴전하지 않음을 잘 알며,
일체 보살의 지를 깨끗이 다스려서 내지 여래의 지에
옮아 들어감을 잘 아느니라."

초지에 머무는 보살이 잘 아는 열 가지 일을 밝혔다. 즉
이 초지에서 무엇을 알게 되는가를 밝힌 것이다. 모든 지위
에서 장애와 다스리는 일, 이루어지고 무너지는 일, 모양과
결과, 얻음과 닦음 등등을 잘 안다.

불자 보살 여시선지지상 시어초지
佛子야 **菩薩**이 **如是善知地相**에 **始於初地**하야

기행부단 여시내지입제십지 무유단절
起行不斷하며 **如是乃至入第十地**히 **無有斷絶**이니

유차제지지광명고 성어여래지혜광명
由此諸地智光明故로 **成於如來智慧光明**이니라

"불자여, 보살이 이와 같이 지위의 모양을 잘 알고, 비로소 초지初地에서 행行을 일으켜 끊지 아니하여 이와 같이 제10지에 들어가서 끊어지지 아니하며, 이 모든 지위의 지혜 광명을 말미암아 여래의 지혜 광명을 이루느니라."

시작하여 나아가는 공과[發趣果]의 법을 설하였다. 시작하여 나아간다는 것은 초지가 나머지 9지를 선도한다는 뜻이다. 그래서 많이 알고 그 아는 것을 초지에서부터 끊어지지 않고 계속해서 이어 나가는 내용을 밝혔다.

2〉법을 비유하다

불자야 비여상주가 선지방편하야 욕장제상인
佛子야 譬如商主가 善知方便하야 欲將諸商人

왕예대성 미발지시 선문도중공덕과실
하고 往詣大城호대 未發之時에 先問道中功德過失

급주지지처 안위가불연후 구도자량 작
과 及住止之處의 安危可不然後에 具道資糧하야 作

소응작
所應作하나니

"불자여, 비유하자면 마치 장사의 물주가 방편을 잘
아는데 여러 장사꾼을 데리고 큰 성城으로 가려면 떠나
기 전에 길 가는 동안에 있을 공덕과 허물과 머물러 있
을 곳과 편안하고 위태한 것을 먼저 자세히 물은 뒤에
도중에 필요한 양식을 준비하여 해야 할 일을 응당히
해야 하느니라."

초지는 나머지 9지를 인도하는 선두 주자가 되기 때문에
비유하자면 많은 장사꾼을 거느린 장사의 물주와 같다. 큰
그룹의 회장이라고나 할까. 또는 멀리 항해하는데 많은 선
원을 거느리고 가는 큰 선박의 선장의 입장과 같다. 출발하

기 전에 여러 가지 필요한 정보와 생활할 일체 양식과 온갖 필수품을 준비해야 하는 것과 같다. 초지에 머문 보살은 앞으로 나아갈 2지와 3지와 4지 등에서 어떤 수행을 필요로 하는가를 알아서 준비해야 한다.

불자 피대상주 수미발족 능지도중
佛子야 彼大商主가 雖未發足이나 能知道中에

소유일체안위지사 선이지혜 주량관찰
所有一切安危之事하야 善以智慧로 籌量觀察하야

비기소수 영무핍소 장제상중 내지
備其所須하야 令無乏少하고사 將諸商衆하고 乃至

안은도피대성 신급중인 실면우환
安隱到彼大城하야 身及衆人이 悉免憂患인달하니라

"불자여, 저 큰 장사의 물주가 비록 길을 떠나지 않았으나 도중에 있을 편안하고 위태함을 능히 잘 알고 지혜로 생각하고 관찰하여 필요한 것을 준비하여 부족함이 없게 하고서야 모든 장사꾼을 데리고 떠나서 무사히 큰 성에 이르게 되며, 자신이나 여러 사람들이 걱정을 면하게 되느니라."

부처님의 지혜를 목적으로 하여 수행을 결심한 보살의 그 앞길이 쉽거나 간단한 일이 아님을 충분히 이해하고 느끼게 하는 비유다.

3〉 법과 비유를 합하여 밝히다

佛子야 菩薩商主도 亦復如是하야 住於初地에
善知諸地障對治하며 乃至善知一切菩薩地淸淨
하야 轉入如來地然後에야 乃具福智資糧하야 將一
切衆生하고 經生死曠野險難之處하야 安隱得至
薩婆若城하야 身及衆生이 不經患難하나니

"불자여, 보살인 장사의 물주物主도 그와 같아서, 초
지에 머물러 있으면서 모든 지위의 장애와 다스릴 바를
잘 알고, 내지 일체 보살지菩薩地의 청정함을 잘 알며, 더
나아가 여래의 지위에 들어가고, 그런 뒤에 복과 지혜

의 양식을 준비하여 가지고는 일체 중생을 데리고 죽고 사는 넓은 벌판과 험한 곳을 지나서 무사히 일체 지혜[薩婆若]의 성城에 이르며, 자신과 중생들이 환난을 겪지 아니하느니라."

경전에서 어려운 가르침을 설할 때는 반드시 법法을 설명하고 비유[喩]를 들어 보이고, 다시 그것을 합合하여 그 뜻을 명료하게 한다. 먼저 법을 설하였고, 비유를 들었고, 마지막으로 "보살인 장사의 물주物主도 그와 같아서"라고 하여 법과 비유를 합하여 밝히는 부분이다.

시고 보살 상응비해 근수제지수승정
是故로 菩薩이 常應匪懈하야 勤修諸地殊勝淨
업 내지취입여래지지
業하며 乃至趣入如來智地니라

"그러므로 보살은 항상 응당히 게으르지 말고 모든 지위의 수승하고 청정한 업을 부지런히 닦으며 내지 여래의 지혜의 경지에 나아갈 것이니라."

초지보살은 보살 수행을 이제 막 출발하였다. 앞으로 많은 지위가 앞에 놓여 있다. 모든 지위마다 수승하고 청정한 업을 부지런히 닦아서 궁극에는 여래의 지혜의 지위에까지 나아가야 한다.

불자 시명약설보살마하살 입보살초지
佛子야 是名略說菩薩摩訶薩의 入菩薩初地

문 광설즉유무량무변백천아승지차별사
門이니 廣說則有無量無邊百千阿僧祇差別事니라

"불자여, 이것을 이름하여 보살마하살이 보살 초지의 문에 들어감을 간략히 설한다 하느니라. 널리 설하자면 한량없고 끝없는 백천 아승지의 차별한 일이 있느니라."

보살 초지에 대한 설법도 다 깨닫고 수행하기가 적지 않다. 그러나 그것은 아주 간략히 설한 것이다. 만약 자세히 설한다면 무량하고 무변하고 백천 아승지나 되는 차별한 일이 있다.

(3) 과보를 거두는 공과[攝報果]

1〉 재가在家의 공과를 말하다

불자야 보살마하살이 주차초지에 다작염부제
佛子야 菩薩摩訶薩이 住此初地에 多作閻浮提

왕하야 호귀자재하야 상호정법하며 능이대시로 섭
王하야 豪貴自在하야 常護正法하며 能以大施로 攝

취중생하야 선제중생의 간탐지구하고 상행대시호대
取衆生하야 善除衆生의 慳貪之垢하고 常行大施호대

무유궁진하야 보시애어이행동사하나니
無有窮盡하야 布施愛語利行同事하나니

"불자여, 보살마하살이 이 초지에 머물러서는 흔히
남섬부주의 왕이 되어 호화롭고 존귀함이 자재하며, 바
른 법을 항상 보호하고, 능히 크게 보시하는 일로 중생
들을 거두어 주어 중생의 아끼고 탐하는 허물을 잘 없
애며, 항상 크게 보시함을 행하여 끝나지 아니하며, 보
시하고 좋은 말을 하고 이익하게 하고 일을 같이 하느
니라."

초지보살의 수행의 결과로서 세 번째는 수행의 과보를 거
두어들이는 것이다. 재가在家의 공과로는 염부제의 왕이 되

어 호화롭고 존귀함이 자재하다. 또 정법을 항상 보호하여 법으로써 크게 베풀어 중생들을 거두어들인다. 그래서 중생들에게 아끼고 탐하는 허물을 제거해 준다. 사섭법인 보시와 애어와 이행과 동사를 끝없이 베푼다. 세속에 살면서도 이와 같이 생활한다면 그는 초지보살이라 할 수 있다.

여 시 일 체 제 소 작 업   개 불 리 염 불   불 리 염
如是一切諸所作業이 皆不離念佛하며 不離念

법   불 리 염 승   불 리 염 동 행 보 살   불 리 염
法하며 不離念僧하며 不離念同行菩薩하며 不離念

보 살 행   불 리 염 제 바 라 밀   불 리 염 제 지
菩薩行하며 不離念諸波羅蜜하며 不離念諸地하며

불 리 염 력   불 리 염 무 외   불 리 염 불 공 불 법
不離念力하며 不離念無畏하며 不離念不共佛法하며

내 지 불 리 염 구 족 일 체 종   일 체 지 지
乃至不離念具足一切種과 一切智智니라

"이와 같이 일체 모든 하는 일이 다 부처님 생각함을 떠나지 아니하며, 법을 생각함을 떠나지 아니하며, 스님네를 생각함을 떠나지 아니하며, 함께 수행하는 보

살을 생각함을 떠나지 아니하며, 보살의 행을 생각함을 떠나지 아니하며, 모든 바라밀다를 생각함을 떠나지 아니하며, 여러 지위를 생각함을 떠나지 아니하며, 힘을 생각함을 떠나지 아니하며, 두려움 없음을 생각함을 떠나지 아니하며, 함께하지 않는 불법을 생각함을 떠나지 아니하며, 내지 갖가지 지혜와 일체 지혜의 지혜를 구족함을 생각함을 떠나지 아니하느니라."

초지보살은 설사 세속에서 한 국가의 통솔자가 된다 하더라도 나라를 잘 다스려서 백성을 편안하게 하는 것은 당연하다. 그것에 더하여 한순간이라도 반드시 일체 불법을 잊어서는 안 된다. 만약 나라를 다스리느라고 불법을 잊는다면 그는 보살이 아니다.

부 작 시 념　　아 당 어 일 체 중 생 중　　위 수　　위
復作是念호대 我當於一切衆生中에 爲首며 爲

승　　위 수 승　　위 묘　위 미 묘　　위 상　　위 무 상
勝이며 爲殊勝이며 爲妙며 爲微妙며 爲上이며 爲無上

이며 **爲導**며 **爲將**이며 **爲帥**며 **乃至爲一切智智依止**
者라하나니라

"또 생각하기를 '내가 일체 중생들 가운데서 우두머리가 되고, 수승한 이가 되고, 썩 나은 이가 되고, 묘한 이가 되고, 미묘한 이가 되고, 위가 되고, 위없는 이가 되고, 길잡이가 되고, 장수가 되고, 통솔자가 되며, 내지 일체 지혜와 지혜의 의지함이 되리라.' 라고 하느니라."

초지보살만 하더라도 세속에 살면서 세속의 일체 중생에게 있어서는 모든 면에서 가장 뛰어난 이가 된다는 것을 밝혔다.

2〉 출가出家의 공과를 말하다

是菩薩이 **若欲捨家**하야 **於佛法中**에 **勤行精進**

변 능 사 가 처 자 오 욕　　의 여 래 교　　출 가 학
인댄 便能捨家妻子五欲하고 依如來敎하야 出家學

도
道하며

"이 보살이 만일 출가하여 불법 가운데서 부지런히 정진을 행하려면 문득 집과 처자와 다섯 가지 욕락을 버리고 여래의 가르침을 의지하여 출가하여 도道를 배우느니라."

기 출 가 이　　　근 행 정 진　　어 일 념 경　　득 백
旣出家已하야는 勤行精進하야 於一念頃에 得百

삼 매　　득 견 백 불　　지 백 불 신 력　　능 동 백 불
三昧하야 得見百佛하며 知百佛神力하며 能動百佛

세 계　　능 과 백 불 세 계　　능 조 백 불 세 계
世界하며 能過百佛世界하며 能照百佛世界하며

"이미 출가하고는 부지런히 정진하여 잠깐 사이에 백 삼매를 얻고, 백 부처님을 친견하고, 백 부처님의 신통력을 알고, 백 부처님의 세계를 진동하고, 백 부처님의 세계를 능히 지나가고, 백 부처님의 세계를 능히 비

추느니라."

능 교 화 백 불 세 계 중 생   능 주 수 백 겁   능
能教化百佛世界衆生하며 **能住壽百劫**하며 **能**

지 전 후 제 각 백 겁 사   능 입 백 법 문   능 시 현
知前後際各百劫事하며 **能入百法門**하며 **能示現**

백 신   어 일 일 신   능 시 백 보 살   이 위 권 속
百身하며 **於一一身**에 **能示百菩薩**로 **以爲眷屬**이니라

"또 백 부처님 세계의 중생을 교화하고, 백 겁劫을 살
고, 앞뒤로 각각 백 겁의 일을 알고, 백 가지 법문法門에
들어가고, 백 가지의 몸을 나타내고, 낱낱 몸마다 백 보
살로 권속을 삼느니라."

초지에 머무는 보살이 수행하여 과보를 거두는 일 중에
출가한 사람으로서의 공과를 밝혔다. 보살이 출가하고 부
지런히 수행하여 한순간에 백 삼매를 얻고, 백 부처님을 친
견하고, 백 부처님의 신통력을 아는 등은 백이라는 숫자는
모두가 원만하고 가득한 만수滿數이므로 차별 없는 참사람

의 경지를 원만히 깨달았으며 진여자성의 원만성을 남김없이 깨달아서 바깥의 대상과 안의 내가 둘이 아닌 경지에 이르렀다는 뜻이리라.

(4) 원력과 지혜의 공과[願智果]

약 이 보 살 수 승 원 력   자 재 시 현   과 어 시
若以菩薩殊勝願力으로 **自在示現**인댄 **過於是**

수   백 겁 천 겁 백 천 겁   내 지 백 천 억 나 유 타
數하야 **百劫千劫百千劫**으로 **乃至百千億那由他**

겁   불 능 수 지
劫이라도 **不能數知**니라

"만일 보살의 수승한 원력으로 자재하게 나타내게 되면 이 수보다 지나가서 백 겁, 천 겁, 백천 겁이나 내지 백천억 나유타 겁에도 능히 세어서 알 수 없느니라."

초지에 머문 보살의 원력과 지혜의 공과[願智果]를 밝혔다. 환희지에 머문 보살이 만약 수승한 원력으로 자재하게 나타내 보인다면 앞에서 밝힌 숫자보다 훨씬 지나가서 백 겁, 천

겁, 백천 겁이나 내지 백천억 나유타 겁에도 능히 세어서 알
수 없음을 밝혔다.

16) 게송으로 그 뜻을 거듭 설하다

(1) 환희지에 머무는 뜻

이 시　　금 강 장 보 살　　욕 중 선 기 의　　　이 설 송
爾時에 **金剛藏菩薩**이 **欲重宣其義**하사 **而說頌**

왈
曰

그때에 금강장보살이 그 뜻을 다시 펴려고 게송으로
설하였습니다.

약 인 집 중 선　　　　　　구 족 백 정 법
若人集衆善하야　　　　**具足白淨法**하면

공 양 천 인 존　　　　　　수 순 자 비 도
供養天人尊하야　　　　**隨順慈悲道**니라

만약 어떤 사람이 여러 가지 선행을 닦아
청정한 법[白淨法]을 구족하면
천신과 인간의 어른께 공양하여
자비의 길을 수순하리라.

제1 환희지에 대한 장문으로서의 설법은 끝나고 게송으로 거듭 밝힌다. 청정하고 훌륭한 법을 구족하려면 여러 가지 선행을 닦아 익히는 것밖에 없다. 여러 가지 선행을 닦아 익히면 천신이나 사람들에게서 가장 높으신 어른, 즉 부처님을 공양하고 공경하며 존중하고 찬탄해서 자비의 길을 수순함이 되리라.

신 해 극 광 대
信解極廣大하고

지 락 역 청 정
志樂亦淸淨하야

위 구 불 지 혜
爲求佛智慧하야

발 차 무 상 심
發此無上心이로다

믿음과 이해가 지극히 광대하고
마음에 좋아함도 또한 청정하여

부처님 지혜 구하려고
가장 높고 높은 마음 발하였도다.

환희지에 머문 보살은 믿음과 이해와 마음으로 추구하는 의지가 모두 광대하고 훌륭하다. 그것으로 궁극에는 부처님의 지혜를 구하여 부처님처럼 산다. 그것은 참으로 가장 높고 고귀한 마음이다.

정 일 체 지 력
淨一切智力과

급 이 무 소 외
及以無所畏하야

성 취 제 불 법
成就諸佛法하며

구 섭 군 생 중
救攝群生衆이로다

일체 지혜의 힘과
두려움 없음을 청정하게 닦아
모든 부처님의 법 성취하며
온갖 중생들을 구제하도다.

보살이 환희지에 머물면서 일체 지혜와 네 가지 두려움

없음[8])을 청정하게 잘 닦아서 끝내는 모든 부처님의 법을 다 성취하고 나아가서 일체 중생을 모두 제도한다. 이것은 환희지 보살뿐만 아니라 모든 보살의 원력이며 꿈이다.

위 득 대 자 비
爲得大慈悲하고

급 전 승 법 륜
及轉勝法輪하며

엄 정 불 국 토
嚴淨佛國土하야

발 차 최 승 심
發此最勝心이로다

큰 자비를 얻고
수승한 법륜을 굴리며
불국토를 청정하게 하려고
가장 수승한 마음을 내도다.

---

8) 사무소외四無所畏: 불보살이 설법할 적에 두려운 생각이 없는 지력智力의 네 가지. ① 부처님 사무소외의 하나. 정등각무외正等覺無畏는 일체 모든 법을 평등하게 깨달아 다른 이의 힐난詰難을 두려워하지 않음 ② 누영진무외漏永盡無畏는 온갖 번뇌를 다 끊었노라고 하여 외난外難을 두려워하지 않음 ③ 설장법무외說障法無畏는 보리를 장애하는 것을 말하되 악법惡法은 장애되는 것이라고 말해서 다른 이의 비난을 두려워하지 않음 ④ 설출도무외說出道無畏는 고통 세계를 벗어나는 요긴한 길을 표시해서 다른 이의 비난을 두려워하지 않음.

또 환희지에 머문 보살은 중생을 가르치고 교화하기 위해서 큰 자비심을 일으켜 수많은 불법 중에서도 가장 수승한 법을 설해 준다. 가장 수승한 법을 설하는 것은 설하는 사람에게도 복이 되고, 설법을 듣는 사람도 큰 혜택을 입는 것이 되기 때문이다. 그래서 세상을 조금이라도 정직하고 선량하게 해서 살기 좋은 곳이 되도록 하는 것이다. 이와 같은 마음이야말로 가장 수승한 마음이다.

일 념 지 삼 세
一念知三世호대

이 무 유 분 별
而無有分別하야

종 종 시 부 동
種種時不同을

이 시 어 세 간
以示於世間이로다

한 생각에 과거 현재 미래를 알되
알면서도 아무런 분별이 없고
가지가지 시간이 같지 않음을
세상 사람들에게 보여 주도다.

화엄경에서 시간에 대해서는 한순간이 곧 한량없는 겁이

고 한량없는 겁이 곧 한순간이다. 또한 과거와 현재와 미래에 각각 과거와 현재와 미래가 있다. 그리고 앞에 나타난 일념과 같이 구세九世와 십세十世가 서로서로 연결되어 있다고 한다.

약 설 구 제 불
略說求諸佛의

일 체 승 공 덕
一切勝功德하야

발 생 광 대 심
發生廣大心하니

양 등 허 공 계
量等虛空界로다

간략히 말하면 모든 부처님의
일체 수승한 공덕을 구하려고
광대한 마음을 내었으니
그 양이 허공계와 평등하도다.

불법을 공부하는 것은 자신의 내면에 본래로 갖춰져 있는 부처님의 일체 수승한 공덕을 구하기 위함이다. 부처님의 일체 수승한 공덕을 구하려면 저 허공계와 같은 광대한 마음을 내어야 가능하다.

비 선 혜 위 주
悲先慧爲主하야

방 편 공 상 응
方便共相應하며

신 해 청 정 심
信解清淨心은

여 래 무 량 력
如來無量力이로다

자비가 선도하고 지혜가 으뜸이 되어

방편들과 함께 상응하며

믿고 아는 청정한 마음은

여래의 한량없는 힘이로다.

불교는 자비와 지혜와 교화하는 방편과 믿고 이해하는
청정한 마음이 합해져 여래의 한량없는 힘이 된 것이다.

무 애 지 현 전
無礙智現前에

자 오 불 유 타
自悟不由他라

구 족 동 여 래
具足同如來하야

발 차 최 승 심
發此最勝心이로다

걸림이 없는 지혜가 앞에 나타남은

스스로 깨닫고 남을 인함이 아니로다.

본래 구족한 것이 여래와 같아

이러한 가장 수승한 마음을 내었도다.

불법을 수행하는 것은 자신에게 본래로 갖추고 있는 걸림 없는 지혜를 나타내기 위함이다. 스스로 깨닫는 것이요, 결코 다른 사람으로 인해서 깨닫는 것이 아니다. 걸림 없는 지혜를 본래 구족한 것이 곧 여래가 정각을 이룬 뒤 드러난 그 지혜와 동일하다. 이러한 이해는 실로 가장 수승한 마음을 낸 것이다.

불 자 시 발 생
佛子始發生

여 시 묘 보 심
如是妙寶心하면

즉 초 범 부 위
則超凡夫位하야

입 불 소 행 처
入佛所行處로다

불자들이 처음으로
이와 같은 미묘한 보배 마음 낼 적에
범부의 지위를 초월하여
부처의 행한 곳에 들어갔도다.

깨달음을 위하여 처음 마음을 발하였을 때에 이미 정각을 이루었다고 하였다. 그 처음 낸 마음은 참으로 미묘한 마음이며 보배 마음이다. 그 마음은 이미 범부의 지위를 초월하였다. 그대로가 부처님이 행하신 바로 그 경지에 들어간 것이다. 그래서 화엄경에 초발심 공덕에 대한 매우 장황한 설법이 있다.

생 재 여 래 가
生在如來家에

종 족 무 하 점
種族無瑕玷하며

여 불 공 평 등
與佛共平等하야

결 성 무 상 각
決成無上覺이로다

여래의 가문에 태어나서
그 종족에는 아무런 허물이 없고
부처님과 평등하게
가장 높은 깨달음을 이루리라.

환희지에 머문 보살은 이미 여래의 가문에 태어나서 그 종족에는 아무런 허물이 없고 부처님과 평등하게 가장 높은 깨달음을 이루게 된다. 여래의 가문이란 세속적인 김 씨나 이 씨나 박 씨와 같은 그런 가문이 아니다. 불법에 의해서 불법의 마음으로 불법의 삶을 사는 사람을 말한다.

재 생 여 시 심
纔生如是心에

즉 득 입 초 지
卽得入初地하야

지 락 불 가 동
志樂不可動이

비 여 대 산 왕
譬如大山王이로다

이와 같은 마음을 겨우 내고는
곧 초지 중에 들어가서
그 뜻의 즐거움을 움직일 수 없는 것이
비유컨대 수미산과 같도다.

환희지에 머물면 불법의 즐거움을 움직일 수 없다. 마치 저 수미산을 그 누구도 움직일 수 없는 것과 같다. 불자라면 환희지는 모른다 하더라도 화엄경과 깊은 인연을 맺어서 태산부동의 신심을 가져야 한다. 화엄경을 공부했을 때 비로소 불자가 되기 때문이다.

(2) 환희지라는 이름을 해석하다

다 희 다 애 락
多喜多愛樂하며

역 부 다 정 신
亦復多淨信과

극 대 용 맹 심
極大勇猛心과

급 이 경 약 심
及以慶躍心이로다

많이 기쁘고 많이 즐거우며

또한 다시 많고 청정한 신심과

지극히 큰 용맹심과

뛸 듯이 경사스럽고 기쁜 마음이로다.

환희지를 왜 환희지라고 하는가. 환희지에 머물면 기쁨
도 많고, 즐거움도 많고, 청정한 믿음도 많고, 지극하고 큰
용맹심도 많다. 그래서 뛸 듯이 경사스럽다. 실로 진리의 가
르침에 대한 참다운 신심을 일으키면 그 기쁨은 이루 다 형
용할 수 없다. 청량스님은 "화엄경을 만나고 보니 어찌 뛸
듯이 기뻐하지 않겠는가[豈無慶躍]."라고 하였다. 그리고 그
말을 다시 부연해서 설명하기를 "내 목숨 바쳐 그 죽을 곳을
얻었다[亡軀得其死所]."라고 하였다.

원 리 어 투 쟁
遠離於鬪諍과

뇌 해 급 진 에
惱害及瞋恚하고

참 경 이 질 직
慚敬而質直하야

선 수 호 제 근
善守護諸根이로다

다투거나 해치거나

성내는 일 멀리 여의었고

뉘우치고 공경하고 순박하고 정직하여

모든 근根을 잘 수호하도다.

초지에 이르러 환희하는 보살은 남과 다투고, 남을 해치고, 스스로 성내고 하는 일을 멀리 떠났다. 오직 뉘우치고, 남을 공경하고, 순박하고, 정직하여 나를 이루고 있는 6근을 잘 수호한다.

구 세 무 등 자
救世無等者의

소 유 중 지 혜
所有衆智慧를

차 처 아 당 득
此處我當得일새

억 념 생 환 희
憶念生歡喜로다

세상을 구제하는 짝할 이 없는 분의
가지신 여러 가지 지혜를
이 경지에서 내가 마땅히 얻어
생각하고 환희하도다.

초지에 이른 보살은 정각을 성취하신 부처님의 지혜를 반
드시 얻어 그것을 잘 기억하고 깊이 사유하며 크게 환희한
다. 이것이 환희지의 뜻이다.

시 득 입 초 지
始得入初地에

즉 초 오 포 외
卽超五怖畏하나니

불 활 사 악 명
不活死惡名과

악 취 중 위 덕
惡趣衆威德이로다

비로소 초지에 처음 들어가
곧바로 다섯 공포 초월하나니
살 수 없고 죽는 일과 나쁜 누명과
나쁜 갈래와 대중들의 위덕이로다.

환희지를 얻었다는 것은 다섯 가지 공포를 멀리 떠났다는 것이다. 그 다섯 가지 공포란 살지 못할까 하는 공포와 죽으면 어떻게 하나 하는 공포와 좋지 못한 소문에 대한 공포와 악한 길에서 허덕이는 공포와 자신보다 뛰어난 대중들의 위덕에 압도당하는 공포이다. 환희지에서는 이러한 다섯 가지 공포를 떠나서 환희한다.

이 불 탐 착 아　　　　급 이 어 아 소
以不貪着我와　　　**及以於我所**일새

시 제 불 자 등　　　　원 리 제 포 외
是諸佛子等이　　　**遠離諸怖畏**로다

나와
내 것을 탐착하지 않으니
이와 같은 모든 불자들이
모든 공포 멀리 떠났도다.

중생들이 살아가면서 두려워하는 것은 '나'라는 존재에 깊이 집착하는 것과 '나의 것'이라는 것에 깊이 집착하는 것에서

부터 시작한다. 그것에 대한 집착이 없다면 두려워할 일이 하나도 없다. 환희지에 머문 보살은 '나'와 '나의 것'이라고 생각하는 것으로부터 일어나는 모든 공포를 멀리 떠났다.

(3) 환희지에 안주하다

상 행 대 자 민	항 유 신 공 경
常行大慈愍하고	恒有信恭敬하며

참 괴 공 덕 비	일 야 증 선 법
慚愧功德備하야	日夜增善法이라

큰 사랑과 어여삐 여김을 늘 행하며
신심과 공경함이 항상 있어서
부끄러워하는 공덕도 갖춰서
밤낮으로 선한 법을 증장하도다.

환희지에 안주한 보살은 중생을 사랑하고 불쌍하게 여기는 마음이 항상 흘러넘친다. 환희지에 안주한 보살은 또 모든 생명의 진여자성에 대한 믿음과 부처님과 부처님의 법과 그 법을 따르는 이들에 대한 신심으로 항상 공경하여 받든다. 또한 부끄러워하는 공덕도 늘 갖춰져 있다. 한마디로 일체 선한 법을 항상 증장시킨다.

요 법 진 실 리
樂法眞實利하고

불 애 수 제 욕
不愛受諸欲하며

사 유 소 문 법
思惟所聞法하야

원 리 취 착 행
遠離取着行이로다

법의 진실한 이익을 좋아하고
모든 욕락을 애착하지 아니하며
들은 바의 법문을 사유하여
취하여 집착하는 행을 멀리 떠났도다.

환희지에 안주하는 보살은 정법의 진실한 이익만을 좋아하고 세속적인 욕락은 애착하지 않는다. 또 그동안 들은 진리의 가르침만을 깊이 사유하고 속된 중생들이 짓는 업은 결코 집착하지 않는다. 초지에 오른 보살은 이미 법력이 삼독의 업력을 완전히 이겨서 속된 짓은 결코 하지 않는다.

불 탐 어 이 양
不貪於利養하고

유 락 불 보 리
唯樂佛菩提하야

일 심 구 불 지
一心求佛智하야

전 정 무 이 념
專精無異念이로다

이양利養을 탐착하지 않고
오직 부처님의 보리를 좋아하며
일심으로 부처님의 지혜를 구해
오로지 정진하여 다른 생각 없도다.

이양利養을 탐착하는 것은 삼독에 찌든 중생들의 일이다. 환희지에 오른 보살은 오직 부처님의 보리를 좋아하며, 일심으로 부처님의 지혜만을 구하며, 오로지 정진하여 다른 생각이 없다. 모든 불자들이 언제나 이와 같은 경지에 이를 수 있을까? 일반 불자들은 그렇다 치고 전문적으로 수행한다는 사람들 중에도 죽을 때까지 진실로 이와 같은 경지에 이르는 이가 얼마나 될까? 참으로 아득하고 아득하다.

수 행 바 라 밀
修行波羅蜜하며

원 리 첨 허 광
遠離諂虛誑하고

여 설 이 수 행
如說而修行하야

안 주 실 어 중
安住實語中이로다

바라밀다를 수행하여

아첨과 거짓을 멀리 떠났으며

말한 대로 행을 닦아

진실한 말 속에 안주하도다.

환희지에 머문 보살은 보시바라밀다를 잘 닦아서 물질이든 법이든 마음이든 널리 베푼다. 자신의 이익을 위하여 아첨하거나 남을 속이는 거짓은 결코 있을 수 없다. 경전의 말씀과 같이 수행하므로 진실한 말 속에 편안히 머문다. 참으로 가슴이 미어지기도 하고 부럽기도 하다.

불 오 제 불 가
不汚諸佛家하며

불 사 보 살 계
不捨菩薩戒하며

불 락 어 세 사
不樂於世事하고

상 이 익 세 간
常利益世間이로다

모든 부처님의 가문 더럽게 하지 않고
보살의 계행戒行도 버리지 않으며
일체 세상일을 좋아하지 않고
항상 세간을 이익하게 하도다.

부처님의 제자라는 이름으로 수행도량에 살면서 부처님
의 가문을 더럽히는 일은 없는가? 또 보살로서 지켜야 할 계
율을 제대로 지키고 있는가? 세상의 저급한 일에 빠져 있지
는 않는가? 불자로서 세상에 이익이 되고 있는가? 어느 것
하나도 자신 있게 대답할 수 없다면 깊이 반성해서 자신을
되돌아봐야 한다. 그래서 양심적으로 정직하게라도 살아야
할 것이다.

수 선 무 염 족
修善無厭足하야

전 구 증 승 도
轉求增勝道하니

여 시 호 락 법　　　　　　공 덕 의 상 응
如是好樂法이　　　　　　**功德義相應**이로다

선善한 일을 수행함에 만족이 없고
더 수승하고 훌륭한 길을 구하면서
이와 같이 법을 즐겨하여
공덕과 이치가 서로 웅하도다.

　보살은 선한 일을 아무리 많이 하더라도 그 선한 일을 하는 데 싫증을 내거나 만족함이 없다. 더욱 더 훌륭하고 수승한 길을 구한다. 선한 일이란 오로지 중생들의 이익을 위한 일이며 중생들의 고통을 구원하는 일이다. 그와 같은 일을 즐겨하는 사람, 그가 곧 보살이다.

(4) 서원誓願을 발하다

　항 기 대 원 심　　　　　　원 견 어 제 불
　恒起大願心하야　　　　　**願見於諸佛**하며

　호 지 제 불 법　　　　　　섭 취 대 선 도
　護持諸佛法하야　　　　　**攝取大仙道**로다

큰 서원의 마음을 항상 내어서
모든 부처님을 친견하고
모든 부처님의 법을 보호하며
큰 신선의 도 섭취하기를 원하느니라.

환희지 보살이 서원을 발하는 내용을 밝혔다. 큰 서원의
마음을 항상 일으켜서 모든 부처님을 친견하고 모든 불법
을 보호해 지니며 큰 신선의 도, 즉 불보를 섭취할 것을 서원
한다.

상 생 여 시 원
常生如是願하야

수 행 최 승 행
修行最勝行하야

성 숙 제 군 생
成熟諸群生하며

엄 정 불 국 토
嚴淨佛國土로다

항상 이와 같은 서원을 세우고
가장 수승한 행을 수행하여
모든 중생들을 성숙시키고
부처님의 국토를 청정하게 하리라.

환희지 보살은 또 가장 수승한 행을 닦아서 일체 중생을 교화 조복하고 일체 국토를 청정하게 장엄하여 아름다운 세상이 되도록 서원하는 것이다.

일 체 제 불 찰
一切諸佛刹에

불 자 실 충 만
佛子悉充滿하야

평 등 공 일 심
平等共一心이라

소 작 개 불 공
所作皆不空이로다

일체 모든 부처님 세계 중에

불자들이 다 가득한데

모두 다 평등한 같은 한마음이라

하는 일들이 모두 다 헛되지 않도다.

일 체 모 단 처
一切毛端處에

일 시 성 정 각
一時成正覺하니

여 시 등 대 원
如是等大願이

무 량 무 변 제
無量無邊際로다

일체의 털끝마다에서

한꺼번에 정각을 이루니
이와 같은 등의 큰 서원이
한량없고 끝이 없도다.

환희지의 보살은 그 서원이 이와 같다. 일체 세계에 보살 불자들이 가득했으면 하는 것이다. 그들이 또 모두 다 똑같은 한마음으로 곳곳마다에서 일시에 정각을 이뤄 육바라밀과 사섭법과 사무량심과 인의예지를 행하는 서원이 한량없고 끝이 없었으면 하는 것이다. 보살이 보살다운 것은 아름답고 건전하고 굳은 서원이 있기 때문이다.

허 공 여 중 생
虛空與衆生과

법 계 급 열 반
法界及涅槃과

세 간 불 출 흥
世間佛出興과

불 지 심 경 계
佛智心境界와

허공계와 중생계와
법계와 열반계와
세간과 부처님의 출현과

부처님의 지혜와 마음 경계와

여 래 지 소 입
如來智所入과

급 이 삼 전 진
及以三轉盡이여

피 제 약 유 진
彼諸若有盡이면

아 원 방 시 진
我願方始盡이어니와

여 피 무 진 기
如彼無盡期일새

아 원 역 부 연
我願亦復然이로다

여래의 지혜에 들어가는 것과

법륜을 세 번 굴리는 것[9]이 끝남이여

저 모든 것이 만약 다 끝난다면

나의 서원도 비로소 끝나려니와

그와 같은 것이 끝날 때가 없으므로

---

9) 삼전법륜三轉法輪: 시전示轉 · 권전勸轉 · 증전證轉이다. 석존이 세 번 4제諦의
교敎를 말씀한 것인데 ① 시전은 '이것은 고苦다. 이것은 집集이다. 이것은 멸
滅이다. 이것은 도道다.'라고 그 모양을 보인 것이다. ② 권전은 '고苦를 알라,
집集을 끊으라, 멸滅을 증득하라, 도道를 닦으라.'고 권한 것이다. ③ 증전은
석존이 스스로 고를 알아 집을 끊고, 멸을 증득하려고 도를 닦은 것을 보여 다
른 이들로 하여금 증득케 하는 것이다. 삼전십이행상三轉十二行相 또는 증전법
륜證轉法輪이라 한다.

나의 서원도 끝이 없도다.

허공계가 다하고 중생계가 다하고 법계가 다하고 열반계가 다하면 환희지 보살의 서원도 다하려니와 그와 같은 것이 끝날 때가 없으므로 환희지 보살의 서원도 다하지 않는다. 또 세간과 부처님의 출현과 부처님 지혜와 마음의 경계가 다하면 환희지 보살의 서원도 다하려니와 그와 같은 것이 다할 때가 없으므로 환희지 보살의 서원도 다하지 않는다. 또 여래의 지혜에 들어가는 것과 법륜을 세 번 굴리는 것이 다하면 환희지 보살의 서원도 다하려니와 그와 같은 것이 다할 때가 없으므로 환희지 보살의 서원도 다하지 않는다.

(5) 바라밀을 행하다

여 시 발 대 원
如是發大願하야

심 유 연 조 순
心柔軟調順하며

능 신 불 공 덕
能信佛功德하야

관 찰 어 중 생
觀察於衆生호대

이와 같이 큰 서원을 발하니
그 마음은 부드럽고 조화롭고 순하며
부처님의 공덕을 능히 믿어서
중생들을 관찰하여

지 종 인 연 기 　　　　　　즉 흥 자 념 심
知從因緣起하면　　　　**則興慈念心**하야

여 시 고 중 생 　　　　　　아 금 응 구 탈
如是苦衆生을　　　　　**我今應救脫**이로다

인연으로부터 일어난 줄 알면
곧 자비심을 일으켜
이와 같은 고통 받는 중생들을
내가 이제 응당히 구제하리라.

환희지 보살이 여러 가지 바라밀 행하는 것을 밝혔다. 위
에서 서원을 발하였으므로 마음은 부드럽고 조화롭고 순하
다. 또 부처님의 공덕을 능히 믿는다. 일체 존재는 모두 인
연으로부터 일어난 것임을 알아 자비한 생각을 일으켜서 고

통 받는 중생들을 자신이 응당히 구제하여 해탈케 할 것이라고 한다. 이것이 보살의 바라밀행이다.

위 시 중 생 고
爲是衆生故로

이 행 종 종 시
而行種種施호대

왕 위 급 진 보
王位及珍寶와

내 지 상 마 거
乃至象馬車와

이런 중생들을 위하여
가지가지로 보시를 행하고
왕의 지위와 보물과
코끼리와 말과 수레와

두 목 여 수 족
頭目與手足과

내 지 신 혈 육
乃至身血肉을

일 체 개 능 사
一切皆能捨하되

심 득 무 우 회
心得無憂悔로다

머리와 눈과 손과 발과
몸과 피와 살을

일체 모든 것을 다 버려도
마음에는 걱정이나 후회함이 없도다.

바라밀행의 제1 조항은 보시다. 그래서 중생들이 필요하
다면 왕의 지위와 보물과 코끼리와 말과 수레와 머리와 눈
과 손과 발과 몸과 피와 살 등 일체 모든 것을 다 버리듯이
보시한다. 이것이 또한 보살의 바라밀행이다.

구 종 종 경 서
求種種經書호대

기 심 무 염 권
其心無厭倦하고

선 해 기 의 취
善解其義趣하야

능 수 세 소 행
能隨世所行이로다

가지가지 경전을 구하여도
그 마음은 싫증이 없고
그 이치를 잘 알아서
능히 세상에서 행할 바를 따르도다.

초지보살이 바라밀을 행하는 일에는 가지가지 경전을 구

하여 게으르지 않고 쉼 없이 정진하는 일도 포함된다. 읽고
쓰고 외우고 연설하여 자신도 깨닫고 남도 깨닫게 하는 일
이다. 왜 불립문자不立文字를 말하여 무수한 사람들을 병들
게 만드는가. 육조 혜능 대사도 금강경을 듣고 깨닫지 않았
는가. 영가 현각 대사도 유마경을 읽다가 깨닫지 않았는가.
이와 같은 사례를 다 들자면 끝이 없다.

참괴자장엄
慚愧自莊嚴하고

수행전견고
修行轉堅固하며

공양무량불
供養無量佛하야

공경이존중
恭敬而尊重이로다

부끄러움으로 스스로를 장엄하고
수행은 더욱 견고하며
한량없는 부처님께 공양하며
공경하고 또한 존중하도다.

환희지에서 바라밀을 닦는 일에는 부끄러움으로 스스로
를 장엄하는 일도 있다. 소위 수오지심羞惡之心이다. 지금까

지 밝힌 수행의 내용이 더욱더 견고하여 모든 사람 모든 생명을 부처님으로 받들어 섬기며 공양 공경 존중 찬탄하는 것이다.

(6) 환희지에 오른 공과功果

여 시 상 수 습
如是常修習하야

일 야 무 해 권
日夜無懈倦하니

선 근 전 명 정
善根轉明淨이

여 화 연 진 금
如火鍊眞金이로다

이와 같이 항상 닦아 익히며

밤과 낮에 게으름이 없어

선근이 더욱 밝고 청정하기가

불로써 진금眞金을 단련하듯 하도다.

환희지에 올랐을 때 돌아오는 공과功果를 다시 간략히 밝혔다. 이와 같은 수행을 낮과 밤으로 하되 게으르지 아니하면 선근이 더욱 밝고 청정한 것이 마치 광산에서 캐낸 금을 불 속에서 녹여 진금만 건져 내는 것과 같다.

보 살 주 어 차
菩薩住於此하야

정 수 어 십 지
淨修於十地하니

소 작 무 장 애
所作無障礙하야

구 족 부 단 절
具足不斷絶이로다

보살들이 초지初地에 머물러

십지十地를 청정하게 닦으니

짓는 일이 장애가 없어

구족하여 단절하지 않도다.

보살이 초지를 닦은 공과는 2지와 3지와 4지 등 10지까지 하나하나 걸림 없이 수행하여 끊어지지 않고 계속 나아가는 일이다. 선행을 하고 나서 가장 확실한 공덕은 다음의 선행을 좀 더 쉽게 또 할 수 있다는 점이다. 사람이 하는 선행도 악행도 이와 같이 곧장 효과가 나타난다.

비 여 대 상 주
譬如大商主가

위 리 제 상 중
爲利諸商衆하야

문 지 도 험 이　　　　　　안 은 지 대 성
問知道險易하고　　　**安隱至大城**인달하야

비유하자면 어떤 장사하는 물주物主가
여러 장사꾼을 이익하게 하려고
험한 길과 쉬운 길을 자세히 알아서
큰 성중에 편안히 이르게 하는 것과 같도다.

장사하는 큰 물주가 수많은 다른 장사꾼을 이익하게 하
려고 앞으로 나아갈 길의 험하고 쉬운 길을 잘 알아서 결국
은 큰 도시에 편안히 이르게 하는 것과 같다.

보 살 주 초 지　　　　　　응 지 역 여 시
菩薩住初地도　　　　**應知亦如是**라

용 맹 무 장 애　　　　　　도 어 제 십 지
勇猛無障礙하야　　　**到於第十地**로다

보살이 초지初地 중에 머문 것도
또한 이와 같은 줄을 응당히 알라.
용맹하고 장애 없어

제 십 지第十地에 이르도다.

보살이 초지初地에 머물고 다시 점점 나아가게 되는 이치가 장사꾼들을 이끌고 먼 길을 편안히 이르게 하는 물주의 경우와 같다. 용맹하게 정진하여 제십지에 반드시 이르게 된다.

<table>
<tr><td>주 차 초 지 중
住此初地中에</td><td>작 대 공 덕 왕
作大功德王하야</td></tr>
<tr><td>이 법 화 중 생
以法化衆生하야</td><td>자 심 무 손 해
慈心無損害로다</td></tr>
</table>

이 초지 중에 머무름에
큰 공덕의 왕이 되어
법으로써 중생들을 교화하여
자비한 마음이 손해됨이 없도다.

보살이 수행하여 초지에만 올라도 큰 공덕의 왕이 된다. 그래서 진리의 가르침으로 무수한 중생들을 교화할 수 있다. 그것은 곧 손해가 없는 훌륭한 자비심이다.

통 령 염 부 지　　　　　　화 행 미 불 급
統領閻浮地에　　　　　　**化行靡不及**이라

개 령 주 대 사　　　　　　성 취 불 지 혜
皆令住大捨하야　　　　　**成就佛智慧**로다

남섬부주를 통치하여
왕의 덕화가 멀리 미쳐
모든 백성들 큰 보시에 머물러
부처님의 지혜를 성취하게 하도다.

초지에 오른 보살이 만약 세속에 있다면 남섬부주를 통치한다. 그리고 그 덕화가 멀리까지 미치어 백성들은 보시하는 법을 배우게 되고 나아가서 부처님의 지혜를 성취하게 된다.

욕 구 최 승 도
欲求最勝道하야

사 이 국 왕 위
捨已國王位하고

능 어 불 교 중
能於佛教中에

용 맹 근 수 습
勇猛勤修習하야

가장 수승한 도를 구하려고
국왕의 자리까지 다 버리고
능히 부처님 교법 중에 들어가서
용맹하게 부지런히 수행하도다.

초지에 오른 보살이 만약 가장 수승한 도를 구하려고 국
왕의 자리까지 다 버리고 출가하여 능히 부처님의 교법 중에
들어가게 되면 용맹하게 부지런히 수행하게 된다.

즉 득 백 삼 매
則得百三昧하고

급 견 백 제 불
及見百諸佛하며

진 동 백 세 계
震動百世界하고

광 조 행 역 이
光照行亦爾하며

백 삼매를 얻고

백 부처님을 친견하며

백 세계를 진동하고

광명을 비추는 행行도 또한 그러하도다.

초지에 오른 보살의 공과는 백 삼매를 얻고, 백 부처님을 친견하며, 백 세계를 진동한다. 그래서 진리의 광명을 비추는 것도 백 세계에 두루 한다.

화 백 토 중 생
化百土衆生하고

능 지 백 겁 사
能知百劫事하고

입 어 백 법 문
入於百法門하며

시 현 어 백 신
示現於百身하며

백 국토의 중생을 교화하고

백 법문에 들어가서

백 겁劫의 일을 능히 알고

백 가지의 몸을 나타내 보이도다.

초지에 오른 보살의 공과는 또한 백 국토의 중생을 교화

하고, 백 법문에 들어가서, 백 겁劫의 일을 능히 알고, 백 가
지의 몸을 나타내 보인다.

급 현 백 보 살
及現百菩薩로

이 위 기 권 속
以爲其眷屬이어니와

약 자 재 원 력
若自在願力인댄

과 시 수 무 량
過是數無量이니라

백 보살을 나타내어
그 권속을 삼거니와
만약 자재한 원력이라면
이 수보다 한량없이 더 지나가리라.

초지에 오른 보살의 공과를 다시 또 밝히기를 "백 보살
을 나타내어 그 권속을 삼거니와 만약 보다 더 자재한 원력
이라면 이 수보다 한량없이 더 지나갈 것이다."라고 하였다.
초지에 오른 보살이 다시 또 수많은 보살을 권속으로 삼고
자 하겠는가마는 이 세상을 보살들로 가득 채워서 아름다
운 세상, 정직하고 선량한 세상을 만들고자 하는 서원의 마

음이 그와 같은 것이다.

(7) 맺는 말

아 어 지 의 중
我於地義中에

약 술 기 소 분
略述其少分이어니와

약 욕 광 분 별
若欲廣分別인댄

억 겁 불 능 진
億劫不能盡이니라

내가 지금 초지初地의 뜻을

조금만 간략히 말했지만

만약 널리 분별하려면

억 겁에도 다하지 못하리라.

보 살 최 승 도
菩薩最勝道로

이 익 제 군 생
利益諸群生하나니

여 시 초 지 법
如是初地法을

아 금 이 설 경
我今已說竟이로다

보살의 가장 수승한 도道로써

모든 중생들을 이익하게 하나니

이와 같은 초지의 법을

내가 지금 다 설해 마쳤도다.

  십지 중에서 처음 초지인 환희지를 장문과 게송까지 설
하여 마쳤다. 초지의 뜻을 설명한 것이 적지 않은데 조금만
간략히 설한 것이라고 하였다. 또 만약 자세히 설한다면 억
겁을 설해도 다하지 못할 것이라고 하였다. 부처님의 법문
은 언제나 그렇고, 화엄경의 법문은 더욱 그렇다. 이 모두가
중생들을 이익하게 하려는 뜻에서 가장 수승한 도를 설한
것이다. 십지품의 서분이 끝나고 정종분 중에 제1 초지 법문
이 모두 끝났다.

                              십지품 서분과 정종분 제1지 끝

                                    〈 제34권 끝 〉

華嚴經 構成表

分次	周次			內容	品數	會次
舉果勸樂生信分 (信)	所信因果周			如來依正	世主妙嚴品 第一 如來現相品 第二 普賢三昧品 第三 世界成就品 第四 華藏世界品 第五 毘盧遮那品 第六	初會
修因契果生解分 (解)	差別因果周	差別因		十信	如來名號品 第七 四聖諦品 第八 光明覺品 第九 菩薩問明品 第十 淨行品 第十一 賢首品 第十二	二會
				十住	昇須彌山頂品 第十三 須彌頂上偈讚品 第十四 十住品 第十五 梵行品 第十六 初發心功德品 第十七 明法品 第十八	三會
				十行	昇夜摩天宮品 第十九 夜摩天宮偈讚品 第二十 十行品 第二十一 十無盡藏品 第二十二	四會
				十廻向	昇兜率天宮品 第二十三 兜率宮中偈讚品 第二十四 十廻向品 第二十五	五會
				十地	十地品 第二十六	六會
				等覺	十定品 第二十七 十通品 第二十八 十忍品 第二十九 阿僧祇品 第三十 如來壽量品 第三十一 菩薩住處品 第三十二	七會
			差別果	妙覺	佛不思議法品 第三十三 如來十身相海品 第三十四 如來隨好光明功德品 第三十五	
		平等因果周	平等因		普賢行品 第三十六	
			平等果		如來出現品 第三十七	
托法進修成行分 (行)	成行因果周			二千行門	離世間品 第三十八	八會
依人證入成德分 (證)	證入因果周			證果法門	入法界品 第三十九	九會

（資料：文殊經典研究會）

會場	放光別	會主	入定別	說法別舉
菩提場	遮那放齒光眉間光	普賢菩薩爲會主	入毘盧藏身三昧	如來依正法
普光明殿	世尊放兩足輪光	文殊菩薩爲會主	此會不入定·信未入位故	十信法
忉利天宮	世尊放兩足指光	法慧菩薩爲會主	入無量方便三昧	十住法門
夜摩天宮	如來放兩足趺光	功德林菩薩爲會主	入菩薩善思惟三昧	十行法門
兜率天宮	如來放兩膝輪光	金剛幢菩薩爲會主	入菩薩智光三昧	十廻向法門
他化天宮	如來放眉間毫相光	金剛藏菩薩爲會主	入菩薩大智慧光明三昧	十地法門
再會普光明殿	如來放眉間口光	如來爲會主	入刹那際三昧	等妙覺法門
三會普光明殿	此會佛不放光·表行依解法依解光故	普賢菩薩爲會主	入佛華莊嚴三昧	二千行門
祇陀園林	放眉間白毫光	如來善友爲會主	入獅子頻申三昧	果法門

如天 無比

1943년 영덕에서 출생하였다. 1958년 출가하여 덕흥사, 불국사, 범어사를 거쳐 1964년 해인사 강원을 졸업하고 동국역경연수원에서 수학하였다. 10여 년 선원생활을 하고 1976년 탄허스님에게 화엄경을 수학하고 전법, 이후 통도사 강주, 범어사 강주, 은해사 승가대학원장, 대한불교조계종 교육원장, 동국역경원장, 동화사 한문불전승가대학원장 등을 역임하였다. 2018년 5월에는 수행력과 지도력을 갖춘 승랍 40년 이상 되는 스님에게 품서되는 대종사 법계를 받았다.

현재 부산 문수선원 문수경전연구회에서 150여 명의 스님과 300여 명의 재가 신도들에게 화엄경을 강의하고 있다. 또한 다음 카페 '염화실' (http://cafe.daum.net/yumhwasil)을 통해 '모든 사람을 부처님으로 받들어 섬김으로써 이 땅에 평화와 행복을 가져오게 한다.'는 인불사상(人佛思想)을 펼치고 있다.

저서로 『무비스님의 유마경 강설』(전 3권), 『대방광불화엄경 실마리』, 『무비스님의 왕복서 강설』, 『무비스님이 풀어 쓴 김시습의 법성게 선해』, 『법화경 법문』, 『신금강경 강의』, 『직지 강설』(전 2권), 『법화경 강의』(전 2권), 『신심명 강의』, 『임제록 강설』, 『대승찬 강설』, 『당신은 부처님』, 『사람이 부처님이다』, 『이것이 간화선이다』, 『무비 스님과 함께하는 불교공부』, 『무비 스님의 증도가 강의』, 『일곱 번의 작별인사』, 무비 스님이 가려 뽑은 명구 100선 시리즈 (전 4권) 등이 있고 편찬하고 번역한 책으로 『화엄경(한글)』(전 10권), 『화엄경(한문)』(전 4권), 『금강경 오가해』 등이 있다.

대방광불화엄경 강설 제34권

| 초판 1쇄 발행_ 2016년 1월 10일
| 초판 3쇄 발행_ 2020년 9월 2일

| 지은이_ 여천 무비(如天 無比)
| 펴낸이_ 오세룡
| 편집_ 박성화 손미숙 김정은 김영미
| 기획_ 최은영 곽은영
| 디자인_ 고혜정 김효선 장혜정
| 홍보 마케팅_ 이주하
| 펴낸곳_ 담앤북스
　　　　서울특별시 종로구 새문안로3길 23 경희궁의 아침 4단지 805호
　　　　대표전화 02)765-1251 전송 02)764-1251 전자우편 damnbooks@hanmail.net
　　　　출판등록 제300-2011-115호
| ISBN　978-89-98946-80-7　04220

정가 14,000원

大方廣佛華嚴經卷第四十變相

十定品第二十七之一

重會普光法堂